Richard Wagner
Das Rheingold

Serie Musik

AF105551

Das Rheingold ist der 1. Teil (Vorabend) der Tetralogie *Der Ring des Nibelunge*n. In diesem Musikdrama Wagners kommen noch keine menschlichen Gestalten auf die Bühne. Das Drama spielt sich unter Göttern, Riesen, Zwergen (den „Nibelungen") und nixenähnlichen Wasserwesen ab. Dazu die „Urwala" Erda, eine übernatürliche Seherin und Künderin. *Das Rheingold* stellt zwar, wie jeder der drei folgenden Teile auch, ein Drama für sich dar, aber es enthüllt seinen ganzen Sinn nur als Einführung in das Gesamtwerk. Wagner verwendet im *Ring des Nibelungen* eigene Sprachschöpfungen, deren Hauptkennzeichen wirkungsvolle Alliterationen sind. Erstmals tauchen in diesem ersten Teil des Rings auch die „Erinnerungsmotive" auf (erst Hans von Wolzogen erfindet nach Wagners Tod den Ausdruck „Leitmotiv", wie er uns heute geläufig ist).

Richard Wagner

Das Rheingold

Der Ring des Nibelungen

Textbuch
Einführung und Kommentar
von Kurt Pahlen
unter Mitarbeit von Rosmarie König

SCHOTT

Bibliografische Information der Deutschen Nationalbibliothek
Die Deutsche Nationalbibliothek verzeichnet diese Publikation in der Deutschen
Nationalbibliografie; detaillierte bibliografische Daten sind im Internet über
http://dnb.d-nb.de abrufbar.

Libretto: Richard Wagner (Originaltext)

Abdruck der Notenbeispiele mit freundlicher Genehmigung
von C. F. Peters Musikverlag, Frankfurt am Main/Leipzig/London/New York.

Die Bildvorlagen S. 184/185, 190/191, 200, 202 und 205 wurde von
Sabine Toepffer, München, zur Verfügung gestellt. Die übrigen Abbildungen
entstammen dem Archiv Kurt Pahlen.

Bestellnummer SEM 8033
ISBN 978-3-254-08033-2
Originalausgabe November 1982
Neu durchgesehene Auflage
© 1999, 2009 Schott Music GmbH & Co. KG, Mainz

www.schott-music.com
www.schott-buch.de

Alle Rechte vorbehalten
Nachdruck in jeder Form sowie die Wiedergabe durch Fernsehen, Rundfunk, Film,
Bild- und Tonträger oder Benutzung für Vorträge, auch auszugsweise, nur mit
Genehmigung des Verlags

Umschlagmotiv: „In der Tiefe des Rheins" von Angelo Il Quaglio
(Deutsches Theatermuseum München)
Lektorat: Gerda Weiss
Redaktion: Norbert Henning
Printed in Germany · BSS 46528

Inhalt

7	Zur Aufführung
9	Textbuch mit Erläuterungen zu Musik und Handlung
182	Inhalt
214	Zur Geschichte des *Rheingold*
233	Sprachliche Erläuterungen zu Wagners Ausdrücken im *Rheingold*
263	Feststellungen und Gedanken zu *Das Rheingold*
273	Leitmotiv-Tafel
280	Biographische Daten Richard Wagners
303	Die Bühnenwerke Wagners

Richard Wagner
Nach einer Zeichnung von Ernst Benedikt Kietz, Paris (1850)

Zur Aufführung

TITEL
Der Ring des Nibelungen

Ein Bühnenfestspiel für drei Tage und einen Vorabend

Im Vertrauen auf den deutschen Geist entworfen und zum Ruhme seines erhabenen Wohltäters, des König Ludwig II. von Bayern vollendet von Richard Wagner

Vorabend:
Das Rheingold

URAUFFÜHRUNG
22. September 1869, München

PERSONENVERZEICHNIS

Wotan	}	.... Helden- oder Baßbariton
Donner	} Götter	...... Charakter-Bariton
Froh	}	...... Jugendlicher (Helden-)Tenor
Loge	}	.... Charakter-Tenor
Fricka	}	.... Dramatischer Mezzosopran
Freia	} Göttinnen	..... Jugendlich-dramatischer Sopran
Erda	}	.... Dramatischer Alt
Alberich	} Nibe-	.... Charakter-Bariton
Mime	} lungen	.... Spieltenor
Fasolt	} Riesen	...... (Höherer) Baß
Fafner	}	...... (Tieferer) Baß
Woglinde	}	.... (Lyrischer, hoher) Sopran
Wellgunde	} Rheintöchter	.. (Lyrischer) Sopran
Floßhilde	}	.... Spiel-Alt

Kein Chor. Statisten in den Nibelungen-Szenen.

SCHAUPLÄTZE
(bei pausenlosen Verwandlungen):
1. Bild: In der Tiefe des Rheins
2. Bild: Freie Gegend auf Bergeshöhen, nahe dem Rhein, im Hintergrund Walhall
3. Bild: Nibelheim, das in Klüften des Erdinneren gelegene Reich der Zwerge oder Nibelungen
4. Bild: Wie 2. Bild

ZEIT
Mythische Vergangenheit.

ORCHESTERBESETZUNG
4 Flöten (große und kleine), 4 Oboen, eine davon auch Englischhorn, 3 Klarinetten, Baßklarinette, 4 Fagotte, eines eventuell durch Kontrafagott ersetzt; 8 Hörner, von denen 4 sogenannte Wagner-Tuben blasen (2 Tenor-, 2 Baß-Tuben), 3 Trompeten, Baß-Trompete, 4 Posaunen (verschiedener Stimmungen), Kontrabaß-Tuba; 2 Paare Pauken, Triangel, 1 Paar Becken, große Trommel, Tamtam, auf der Bühne 16 Ambosse verschiedener Größe; 7 Harfen (1 auf der Bühne); Streicher, wenn möglich 16 erste, 16 zweite Geigen, 12 Bratschen, 12 Violoncelli, 8 Kontrabässe.

SPIELDAUER
etwa 2 Stunden und 20 Minuten.

*Textbuch mit Erläuterungen
zu Musik und Handlung*

Wie aus Urtiefen steigt der kaum vernehmbare Beginn dieses seltsamen Vorspiels empor. Wagner schöpfte es aus einer Klangvision (siehe »Geschichte«). Die Kontrabässe verharren auf einem langen, tiefen Ton (wozu bei fünfsaitigen Instrumenten das Herabstimmen der tiefsten Saite um einen Halbton nötig ist), nach vier Takten treten die Fagotte hinzu:
Es gleicht einer matten Dämmerung in der Wassertiefe.
Nach endlos scheinenden 16 Takten einer ruhig verharrenden, auf Es basierenden Harmonie – die »Endlosigkeit« ist voll beabsichtigt – bläst ein Horn das erste Motiv:

(1)

Sucht man nach den Definitionen der Leitmotive in Worten, dann wäre dies »der Rhein« im Urzustand, im Naturzustand, das ewige Ziehen des Wassers, sein Kreislauf zwischen Himmel und Erde, von der Quelle zur Mündung. Mit dem gleichen, nur aus aufsteigenden Dreiklangsnoten bestehenden Motiv setzen die weiteren Hörner ein, langsam entsteht ein verstärktes Fließen und Wogen. Die Streicher treten in gleitender Bewegung hinzu, allmählich auch die Holzbläser, immer majestätischer scheint das Wasser dahinzuströmen:

(2)

VORSPIEL

ERSTE SZENE
In der Tiefe des Rheines
Grünliche Dämmerung, nach oben zu lichter, nach unten zu dunkler. Die Höhe ist von wogendem Gewässer erfüllt, das rastlos von rechts nach links zu strömt. Nach der Tiefe zu lösen sich die Fluten in einem immer feineren feuchten Nebel auf, so daß der Raum in Manneshöhe vom Boden auf gänzlich frei von Wasser zu sein scheint, welches wie in Wolkenzügen über den nächtlichen Grund dahinfließt. Überall ragen schroffe Felsenriffe aus der Tiefe auf und grenzen den Raum der Bühne ab; der ganze Boden ist in wildes Zackengewirr zerspalten, so daß er nirgends vollkommen eben ist und nach allen Seiten hin in dichtester Finsternis tiefere Schlüfte annehmen läßt.

ERLÄUTERUNGEN

Wagner setzt hier eine sehr kühne Idee in die klingende Tat um: nicht weniger als 136 Takte lang – das bedeutet eine Zeitdauer von ungefähr viereinhalb Minuten – wird an der Es-Dur-Harmonie nichts verändert, ein Klangbild ersteht vor dem Hörer, das lediglich durch wachsende Intensität (»Beleuchtung« könnte man es beinahe nennen) Leben gewinnt: Ein Fluß zieht durch unendliche Zeiträume dahin, Tag und Nacht, Sonne und Mond spiegeln sich in ihm, lange bevor ein menschliches Auge da ist, ihn zu beobachten. Alles ist Harmonie, sozusagen Urwelt-Harmonie; die Dreiklangsnoten sind als vollkommene, im Weltall verankerte physikalisch-mathematische Konsonanz aufgefaßt.

In der strömenden Bewegung werden Lebewesen sichtbar: die »Rheintöchter«. Ihr einsetzender Gesang verwebt sich nahtlos, fast ohne harmonische Veränderung (der tiefe Grundton Es bleibt, nun als Teil einer As-Dur-Harmonie, immer noch präsent):

(Fortsetzung des Notenbeispiels S. 14)

ERSTE SZENE

(Volles Wogen der Wassertiefe.)
(Woglinde kreist in anmutig schwimmender Bewegung um das mittlere Riff.)

Woglinde:
　Weia! Waga!
　Woge, du Welle!
　Walle zur Wiege!
　Wagalaweia!

ERLÄUTERUNGEN

(3)
Wagner dichtet hier in Anlehnung an mittelhochdeutsche Worte, die er mit Neuerem und viel Eigenem verschmilzt.
Ein liebliches Klangbild entspricht dem Bühnenspiel der drei Nixen, die einander neckend und fangend sorglos im Wasser schwimmen. Wieder vergeht viel Zeit: Wagner deutet den ungestörten Urzustand an, der sich über unmeßbare Räume erstreckt.

In das Wogen und Ziehen des Flusses, in das frohe Auf- und Hinabtauchen der Rheintöchter mischt sich plötzlich ein fremder Laut (in Baßklarinette und Fagotten), als störe ein Ungewohntes das liebliche Spiel. Es klingt nicht böse, aber doch warnend, zugleich neugierig und ein wenig grotesk.

Wallala weiala weia!

Wellgunde (Stimme von oben):
  Woglinde, wachst du allein?
Woglinde:
  Mit Wellgunde wär' ich zu zwei.
Wellgunde (taucht aus der Flut zum Riff herab):
  Laß sehn, wie du wachst.
Woglinde (entweicht ihr schwimmend):
  Sicher vor dir.
    (Sie necken sich und suchen sich spielend zu fangen.)
Floßhilde (Stimme von oben):
  Heiala weia!
  Wildes Geschwister!
Wellgunde:
  Floßhilde, schwimm!
  Woglinde flieht:
  hilf mir die Fließende[1] fangen!
Floßhilde (taucht herab und fährt zwischen die Spielenden):
  Des Goldes Schlaf
  hütet ihr schlecht;
  besser bewacht
  des Schlummernden Bett,
  sonst büßt ihr beide das Spiel!
(Mit muntrem Gekreisch fahren die beiden auseinander: Floß-hilde sucht bald die eine, bald die andere zu erhaschen; sie entschlüpfen ihr und vereinigen sich endlich, um gemeinsam auf

---

[1] TV (Textvariante): Hier auch »Fliehende«

Alberich ist aufgetaucht, erstaunt blickt der häßliche Zwerg auf die unweit vorbeischwebenden Frauengestalten aus einer anderen, begehrenswerten Welt.

Aus dem »fremden Laut« entwickelt Wagner Alberichs erste Worte an die Rheintöchter. Sie sind durchaus freundlich, ja werbend, aber die Harmonien bleiben nicht mehr so »wasserklar« wie zuvor, und das ruhige Dahingleiten stockt ein wenig.

Woglindes und Wellgundes erste Reaktion ist die instinktiver Ablehnung, ja Ekels. Floßhilde, die Ernsteste der drei, mahnt zur Aufmerksamkeit. Das Gespräch setzt sich in der fließenden Bewegung fort, aber läßt im Orchester immer wieder Alberichs Klänge ertönen: Kurze Vorschläge (die etwas Hinkendes, gleichsam Unbeholfenes andeuten), Chromatik, also kleinste Intervalle, die ebenfalls auf »Irdisches« hinzudeuten scheinen.

Floßhilde Jagd zu machen; so schnellen sie gleich Fischen von Riff zu Riff, scherzend und lachend.
Aus einer finsteren Schlucht ist währenddessen Alberich, an einem Riffe klimmend, dem Abgrunde entstiegen. Er hält, noch vom Dunkel umgeben, an und schaut dem Spiele der Rheintöchter mit steigendem Wohlgefallen zu.)

Alberich:
   He he! Ihr Nicker!
   Wie seid ihr niedlich,
   neidliches Volk!
   Aus Nibelheims Nacht
   naht' ich mich gern,
   neigtet ihr euch zu mir.
(Die Mädchen halten, sobald sie Alberichs Stimme hören, mit dem Spiele ein.)

Woglinde:
   Hei! wer ist dort?
Floßhilde:
   Es dämmert und ruft.
Wellgunde:
   Lugt, wer uns belauscht!
   (Sie tauchen tiefer herab und erkennen den Nibelung.)
Woglinde und Wellgunde:
   Pfui! der Garstige!
Floßhilde (schnell auftauchend):
   Hütet das Gold!
   Vater warnte
   vor solchem Feind.
(Die beiden andern folgen ihr, und alle drei versammeln sich schnell um das mittlere Riff.)

Alberich:
   Ihr, da oben!
Die Drei:
   Was willst du dort unten?
Alberich:
   Stör ich eu'r Spiel,
   wenn staunend ich still hier steh?
   Tauchtet ihr nieder,

ERLÄUTERUNGEN

Hier nimmt die Musik, nach allmählicher Überleitung, einen neuen Charakter an: Alberichs verzweifeltes Klettern auf den rutschigen Steinen und Felsen ist tonmalerisch nachgebildet; seine Anstrengung, sein immer erneutes Abgleiten drückt sich in seiner Stimme wie im Orchester deutlich aus.

mit euch tollte
und neckte der Niblung sich gern!
Woglinde:
Mit uns will er spielen?
Wellgunde:
Ist ihm das Spott?
Alberich:
Wie scheint im Schimmer
ihr hell und schön!
Wie gern umschlänge
der Schlanken eine mein Arm,
schlüpfte hold sie herab!
Floßhilde:
Nun lach ich der Furcht:
der Feind ist verliebt[1].
Wellgunde:
Der lüsterne Kauz!
Woglinde:
Laßt ihn uns kennen!
(*Sie läßt sich auf die Spitze des Riffes hinab, an dessen Fuße Alberich angelangt ist.*)
Alberich:
Die neigt sich herab.
Woglinde:
Nun nahe dich mir!
Alberich (klettert mit koboldartiger Behendigkeit, doch wiederholt aufgehalten, der Spitze des Riffes zu):
Garstig glatter
glitschriger Glimmer!
Wie gleit ich aus!
Mit Händen und Füßen
nicht fasse noch halt ich
das schlecke Geschlüpfer!
Feuchtes Naß
füllt mir die Nase.
verfluchtes Niesen!

---

[1] Im Textbuch Regieanweisung eingeschoben: (Sie lachen.)

Dazwischen wird immer wieder das behende Schwimmen der Rheintöchter lautmalerisch dargestellt. Das grausame Spiel der Nixen mit dem plumpen und abstoßenden, aber hier in steigender Verliebtheit durchaus nicht unsympathischen Alberich wird mit allen tonmalerischen Mitteln höchst realistisch geschildert.

(Er ist in Woglindes Nähe angelangt.)
Woglinde (lachend):
   Prustend naht
   meines Freiers Pracht!
Alberich:
   Mein Friedel sei,
   du fräuliches Kind!
       (Er sucht sie zu umfassen.)
Woglinde (sich ihm entwindend):
   Willst du mich frein,
   so freie mich hier!
       (Sie taucht zu einem andern Riff auf.)
Alberich (kratzt sich den Kopf):
   O weh; du entweichst?
   Komm doch wieder!
   Schwer ward mir,
   was so leicht du erschwingst.
Woglinde (schwingt sich auf ein drittes Riff in größerer Tiefe):
   Steig nur zu Grund:
   da greifst du mich sicher!
Alberich (klettert hastig hinab):
   Wohl besser da unten!
Woglinde (schnellt sich rasch aufwärts nach einem höheren Riff zur Seite):
   Nun aber nach oben!
Wellgunde und Floßhilde (lachend):
   Hahahahahaha!
Alberich:
   Wie fang ich im Sprung
   den spröden Fisch?
   Warte, du Falsche!
       (Er will ihr eilig nachklettern.)
Wellgunde (hat sich auf ein tieferes Riff auf der andern Seite gesenkt):
   Heia! Du Holder!
   Hörst du mich nicht?
Alberich (sich umwendend):
   Rufst du nach mir?

ERLÄUTERUNGEN

Wellgunde:
    Ich rate dir wohl:
    zu mir wende dich,
    Woglinde meide!
Alberich (klettert hastig über den Bodengrund zu Wellgunde):
    Viel schöner bist du
    als jene Scheue,
    die minder gleißend
    und gar zu glatt.
    Nur tiefer tauche,
    willst du mir taugen!
Wellgunde (noch etwas mehr sich herabsenkend):
    Bin nun ich dir nah?
Alberich:
    Noch nicht genug!
    Die schlanken Arme
    schlinge um mich,
    daß ich den Nacken
    dir neckend betaste,
    mit schmeichelnder Brunst
    an die schwellende Brust mich dir schmiege.
Wellgunde:
    Bist du verliebt
    und lüstern nach Minne,
    laß sehn, du Schöner,
    wie bist du zu schaun?
    Pfui, du haariger,
    höckriger Geck!
    Schwarzes, schwieliges
    Schwefelgezwerg!
    Such dir ein Friedel,
    dem du gefällst!
Alberich (sucht sie mit Gewalt zu halten):
    Gefall ich dir nicht,
    dich faß ich doch fest!
Wellgunde (schnell zum mittleren Riffe auftauchend):
    Nur fest, sonst fließ ich dir fort!
Woglinde und Floßhilde (lachend):
    Hahahahahaha!

Zweimal hat Alberich gehofft, zweimal ist er höhnisch zurückgestoßen worden. Nun ersehnt er sich noch einmal das Glück, da die dritte der Rheintöchter ihn mit verführerischen Worten anlockt, die in eine ebensolche Melodie gekleidet werden. Doch ist eines verwunderlich (und spricht für Wagners tiefe Psychologie): Bei der ersten Werbung (um Woglinde) stieg Alberichs Stimme – wie in überströmendem Optimismus – bis zum hohen Fis aufwärts, einem Spitzenton der Baritonstimme. Bei der zweiten Werbung (um Wellgunde) erreicht seine Stimme nur noch den Ton Es, und nun, bei der dritten Werbung (um Floßhilde), erklimmt er nur noch das D. Ist seine Zuversicht, seine Hoffnung

Alberich (Wellgunde erbost nachzankend):
 Falsches Kind!
 Kalter, grätiger Fisch!
 Schein ich nicht schön dir,
 niedlich und neckisch,
 glatt und glau –
 hei! so buhle mit Aalen,
 ist dir eklig mein Balg!
Floßhilde:
 Was zankst du, Alb?
 Schon so verzagt?
 Du freitest um zwei!
 Frügst du die dritte,
 süßen Trost
 schüfe die Traute dir!
Alberich:
 Holder Sang
 singt zu mir her.
 Wie gut, daß ihr
 eine nicht seid!
 Von vielen gefall ich wohl einer:
 bei einer kieste mich keine!
 Soll ich dir glauben,
 so gleite herab!
Floßhilde (taucht zu Alberich hinab):
 Wie törig seid ihr,
 dumme Schwestern,
 dünkt euch dieser nicht schön?
Alberich (hastig ihr nahend):
 Für dumm und häßlich
 darf ich sie halten,
 seit ich dich Holdeste seh.
Floßhilde:
 O singe fort
 so süß und fein:
 wie hehr verführt es mein Ohr!

so stark gesunken, drückt sich die körperliche Erschöpfung des für Alberich atemberaubenden Spiels aus?
Und doch scheint ihm dieses Mal das Liebesglück zu winken, Flosshilde lässt sich berühren.

Die schwimmende Bewegung im Orchester setzt aus, als harre Floßhilde seiner, aber ihre zärtlichen Worte werden von harten Orchesterschlägen Lügen gestraft oder mit übertriebenem Pathos ins Groteske gezogen.

Bitter erklingt das Hohngelächter der Rheintöchter in den Ohren Alberichs.

Alberich (zutraulich sie berührend):
   Mir zagt, zuckt und zehrt sich das Herz,
   lacht mir so zierliches Lob.
Floßhilde (ihn sanft abwehrend):
   Wie deine Anmut
   mein Aug erfreut,
   deines Lächelns Milde
   den Mut mir labt!
      (Sie zieht ihn zärtlich an sich.)
   Seligster Mann!
Alberich:
   Süßeste Maid!
Floßhilde:
   Wärst du mir hold!
Alberich:
   Hielt' ich dich immer!
Floßhilde:
   Deinen stechenden Blick,
   deinen struppigen Bart,
   o säh' ich ihn, faßt' ich ihn stets!
   Deines stachlichen Haares
   strammes Gelock,
   umflöss' es Floßhilde ewig!
   Deine Krötengestalt,
   deiner Stimme Gekrächz,
   o dürft' ich staunend und stumm
   sie nur hören und sehn!
      (Woglinde und Wellgunde sind nahe herabgetaucht.)
Woglinde und Wellgunde (lachend):
   Hahahahahaha!
Alberich (erschreckt auffahrend):
   Lacht ihr Bösen mich aus?
Floßhilde (sich plötzlich ihm entreißend):
   Wie billig am Ende vom Lied.
      (Sie taucht mit den Schwestern schnell auf.)

Sein Schmerz ist echt und geht sehr tief: Seine Stimme und das Orchester drücken es klar aus.

Doch das leichte Spiel, das die Nixen mit den Gefühlen Alberichs treiben, ist noch nicht zu Ende. Zur Rheintöchter-Melodie (Notenbeispiel 3) drücken nun alle drei in wohlklingenden As-Dur-Harmonien nochmals ihren Spott aus.

ERSTE SZENE

Woglinde und Wellgunde (lachend):
  Hahahahahaha!
Alberich (mit kreischender Stimme):
  Wehe! ach wehe!
  O Schmerz! O Schmerz!
  Die dritte, so traut,
  betrog sie mich auch?
  Ihr schmählich schlaues,
  lüderlich[1] schlechtes Gelichter!
  Nährt ihr nur Trug,
  ihr treuloses Nickergezücht?
Die drei Rheintöchter:
  Wallala! Wallala! Lalaleia! Leialalei!
  Heia! Heia! Haha!
  Schäme dich, Albe!
  Schilt nicht dort unten!
  Höre, was wir dich heißen!
  Warum, du Banger,
  bandest du nicht
  das Mädchen, das du minnst?
  Treu sind wir
  und ohne Trug
  dem Freier, der uns fängt.
  Greife nur zu,
  und grause dich nicht!
  In der Flut entfliehn wir nicht leicht.
  Wallala! Lalaleia! Leialalei!
  Heia! Heia! Hahei!
(Sie schwimmen auseinander, hierher und dorthin, bald tiefer, bald höher, um Alberich zur Jagd auf sie zu reizen.)
Alberich:
  Wie in den Gliedern
  brünstige Glut
  mir brennt und glüht!
  Wut und Minne
  wild und mächtig
  wühlt mir den Mut auf!

---

[1] TV: Hier auch „liederlich"

Noch einmal versucht Alberich, sie zu erjagen, das Orchester schildert seine wachsende Erregung und Bitterkeit, mit denen er ihnen nachklettert auf den Felsenriffen, die vom Grund des Flusses her aufragen.

Das Orchester gaukelt ihm noch einige Male vor (Beginn des Notenbeispiels 3), daß die Rheintöchter ihm doch erreichbar seien.
Völlig erschöpft fällt er schließlich auf einer Steinplatte nieder.
Das grausame Spiel ist zu Ende.
Mit letzter Kraft droht er ihnen, die Pausen zwischen den jagenden Holzbläserfiguren werden länger, das langsame Ziehen des Stromes (in den Violinen dargestellt) scheint die Szene zu beenden.
Da durchbricht ein sehr klares Hornmotiv leise das Dahinziehen des Wassers:

(4)

Zum ersten Mal ist das Motiv des Rheingoldes aufgetaucht, ein aufsteigendes, unproblematisches Dreiklangsmotiv: das Gold als Teil der Natur, noch nicht als Machtmittel und Verderben der Menschheit. Das Motiv nimmt, je stärker sein Glanz aus den Wogen sichtbar wird, auch musikalisch reichere Formen an: Aus Einstimmigkeit wird Zwei-, dann Dreistimmigkeit. Zugleich

Wie ihr auch lacht und lügt,
lüstern lechz ich nach euch,
und eine muß mir erliegen!
(Er macht sich mit verzweifelter Anstrengung zur Jagd auf: mit grauenhafter Behendigkeit erklimmt er Riff für Riff, springt von einem zum andern, sucht bald dieses, bald jenes der Mädchen zu erhaschen, die mit lustigem Gekreisch stets ihm ausweichen; er strauchelt, stürzt in den Abgrund und klettert dann hastig wieder in die Höhe zu neuer Jagd. Sie neigen sich etwas herab. Fast erreicht er sie, stürzt abermals zurück und versucht es nochmals.

Alberich hält endlich, vor Wut schäumend, atemlos an und streckt die geballte Faust nach den Mädchen hinauf.)
Alberich:
Fing' eine diese Faust!
(Er verbleibt in sprachloser Wut, den Blick aufwärts gerichtet, wo er dann plötzlich von dem folgenden Schauspiel angezogen und gefesselt wird. –
Durch die Flut ist von oben her ein immer lichterer Schein gedrungen, der sich an einer hohen Stelle des mittelsten Riffes allmählich zu einem blendend hellstrahlenden Goldglanze entzündet; ein zauberisch goldenes Licht bricht von hier durch das Wasser.)

Woglinde:
Lugt, Schwestern!

Die Weckerin lacht in den Grund.
Wellgunde:
Durch den grünen Schwall
den wonnigen Schläfer sie grüßt.
Floßhilde:
Jetzt küßt sie sein Auge,
daß er es öffne.

nimmt das Wogen des Stromes zu; es treten Harfen zu den vielfach geteilten Streichern...

und schließlich die fließend-wiegenden Stimmen der Rheintöchter, die in einem neuen Motiv gipfeln:

(5)

ERSTE SZENE

Wellgunde:
Schaut, er[1] lächelt
in lichtem Schein.
Woglinde:
Durch die Fluten hin
fließt sein strahlender Stern.
Die drei Rheintöchter (zusammen das Riff anmutig umschwimmend):
Heiajaheia!
Heiajaheia!
Wallalallala leiajahei!
Rheingold!
Rheingold!
Leuchtende Lust,
wie lachst du so hell und hehr!
Glühender Glanz
entgleißet dir weihlich im Wag!
Heiajahei
Heiajaheia!
Wache, Freund,
wache froh!
Wonnige Spiele
spenden wir dir:
flimmert der Fluß,
flammet die Flut,
umfließen wir tauchend,
tanzend und singend,
im seligen Bade dein Bett.

---

[1] TV: Anstelle von »er« auch »es«.

Wer meint, jedem der Wagnerschen Leitmotive einen kurzen und prägnanten Namen geben zu müssen, gerät hier in Verlegenheit: Auch dies ist, wie Notenbeispiel 4, ein »Rheingold«-Motiv. Es symbolisiert aber neben dem Gold selbst seine Hüterinnen, die Rheintöchter. Am ehesten also: das im tiefen Rhein von den Rheintöchtern behütete Gold – »ein Tand ist's in der Wasser Tiefe, lachenden Kindern zur Lust«, wie Loge es definiert.

Immer froher, immer ausgelassener umschwimmen die Nixen den goldenen Schimmer, der aus dem Felsen bricht. Die Stimmen jauchzen – die Woglindes bis zum hohen C! –, Alberich ist vergessen in der Freude des Spiels, zu dem aus der Höhe eine leuchtende Sonne in die Wassertiefe scheint.

Und ebenso leuchtend schmettert eine Trompete das Notenbeispiel 4 in den Glanz des wogenden Wassers.

Aber Alberich ist nicht wieder in die dunklen Klüfte Nibelheims hinabgetaucht. Er hat sich aus der Niedergeschlagenheit aufgerafft und blickt nun gebannt auf den goldenen Schimmer. Ratlos fragt er die Rheintöchter nach dessen Ursprung. Verwundert erkennen diese, daß Alberich von der Bedeutung dieses schlummernden Goldes keine Ahnung hat. Wie herrlich es sich in seinem Glanze dahingleiten läßt!

Rheingold!
Rheingold!
Heiajaheia!
Heiajaheia!
Wallalalalala heiajahei!
(Mit immer ausgelassenerer Lust umschwimmen die Mädchen das Riff. Die ganze Flut flimmert in hellem Goldglanze.)
Alberich (dessen Augen, mächtig vom Glanze angezogen, starr auf dem Golde haften):
Was ist's, ihr Glatten,
das dort so glänzt und gleißt?
Die drei Mädchen:
Wo bist du Rauher denn heim,
daß vom Rheingold nicht du gehört?
Wellgunde:
Nicht weiß der Alb[1]
von des Goldes Auge,
das wechselnd wacht und schläft?
Woglinde:
Von der Wassertiefe
wonnigem Stern,
der hehr die Wogen durchhellt?
Die drei Mädchen:
Sieh, wie selig
im Glanze wir gleiten!
Willst du Banger
in ihm dich baden,
so schwimm und schwelge mit uns!

---

[1] Von Wagner persönlich gegebene Anweisung: Hier »nichts« für »nicht«.

Alberich will mehr wissen.

Woglinde zögert...

aber Wellgunde enthüllt das Geheimnis. Oboe, Englischhorn, Fagott unterstreichen mit mystischem Klang ihre Stimme, die das Ring-Motiv, eines der wichtigsten der gesamten Tetralogie, zum ersten Mal anstimmt:

(6)

Diesem Motiv, aus kleinen und großen Terzen zusammengesetzt, kommt – in verschiedenen Varianten gebracht – höchste Bedeutung zu. Hier ist vom schicksalbedeutenden Ring die Rede, den es noch gar nicht gibt und der mit seinem Fluch später das

Wallala lalaleia lalei!
Wallala lalaleia jahei!
Alberich:
Eurem Taucherspiele
nur taugte das Gold?
Mir gält' es dann wenig!
Woglinde:
Des Goldes Schmuck
schmähte er nicht,
wüßte er all seine Wunder!
Wellgunde:

Der Welt Erbe
gewänne zu eigen,
wer aus dem Rheingold
schüfe den Ring,
der maßlose Macht ihm verlieh'.

Geschehen des vier Abende dauernden Dramas bestimmen wird. Floßhilde schilt Wellgunde, die das Geheimnis preisgab. Aber Wellgunde und Woglinde lachen aller Gefahr; denn, so sagt Woglinde, den Ring könne, laut der Weissagung, nur einer schmieden, der auf die Liebe für immer verzichtet habe – also kaum Alberich, der sich so verliebt gezeigt:

(Fortsetzung des Notenbeispiels S. 40)

ERSTE SZENE

Floßhilde:
    Der Vater sagt' es,
    und uns befahl er,
    klug zu hüten
    den klaren Hort,
    daß kein Falscher der Flut ihn entführe:
    drum schweigt, ihr schwatzendes Heer!
Wellgunde:
    Du klügste Schwester,
    verklagst du uns wohl?
    Weißt du denn nicht,
    wem nur allein
    das Gold zu schmieden vergönnt?
Woglinde:
    Nur wer der Minne
    Macht entsagt[1],
    nur wer der Liebe
    Lust verjagt,
    nur der erzielt sich den Zauber,
    zum Reif zu zwingen das Gold.

---

[1] Von Wagner persönlich gegebene Anweisung: Anstelle von »entsagt« hier »versagt«.

(7)

Auch dieses Liebesverzichts-Motiv (es erklingt zu lastenden Blechbläser-Akkorden) wird das gesamte Werk bedeutungsvoll durchziehen und an entscheidenden Stellen auftauchen. Es weist in seinem letzten Teil eine deutliche Verwandtschaft mit dem Ring-Motiv (Notenbeispiel 6) auf.
Die Rheintöchter einigen sich lachend auf die Ungefährlichkeit Alberichs, singend setzen sie ihre Spiele fort, arglos, unbekümmert, jauchzend (Woglinde abermals bis zum hohen C).

Wellgunde:
  Wohl sicher sind wir
  und sorgenfrei:
  denn was nur lebt, will lieben;
  meiden will keiner die Minne.
Woglinde:
  Am wenigsten er,
  der lüsterne Alb:
  vor Liebesgier
  möcht er vergehn!
Floßhilde:
  Nicht fürcht ich den,
  wie ich ihn erfand:
  seiner Minne Brunst
  brannte fast mich.
Wellgunde:
  Ein Schwefelbrand
  in der Wogen Schwall:
  vor Zorn der Liebe
  zischt er laut.
Die drei Mädchen:
  Wallala! Wallaleialala!
  Lieblichster Albe,

In das leuchtende Gold-Motiv (Notenbeispiel 5) mischt sich immer deutlicher und bedrohender das Ring-Motiv (Notenbeispiel 6). Alberich faßt den großen, schweren Entschluß: Seinem Nachdenken liegt das Ring-Motiv (Notenbeispiel 6) zugrunde... es geht in das entscheidende Liebesverzichts-Motiv (Notenbeispiel 7) über, das hier – wie sehr oft im Verlauf des Werkes – nur mit seiner Kopfphrase zitiert wird (die den Worten »Nur wer der Minne Macht entsagt« entspricht).

Und wild entschlossen beginnt Alberich von neuem, den Fels unter Wasser emporzuklettern.
Kreischend fahren die Rheintöchter auseinander, die Tonfolge des ruhigen Strömens (Notenbeispiel 2) ist nun aufgewühlt, mit dissonanten Intervallen durchsetzt. Aber noch immer nehmen die Nixen den neuen Angriff nicht ernst, den sie als ihnen selbst geltend verstehen. Mit Hohngelächter (nun im verminderten Dreiklang, Woglinde nochmals bis ins hohe C) fahren sie auseinander.

Doch da steht Alberich schon vor dem leuchtenden Felsen und streckt die Hände nach dem Gold aus (Notenbeispiel 4).

lachst du nicht auch?
In des Goldes Scheine
wie leuchtest du schön!
O komm, Lieblicher, lache mit uns!
Heiajaheia! Heiajaheia!
Wallalalalala leiajahei!
  (Sie schwimmen lachend im Glanze auf und ab.)
Alberich (die Augen starr auf das Gold gerichtet, hat dem Geplauder der Schwestern wohl gelauscht):
Der Welt Erbe
gewänn' ich zu eigen durch dich?
Erzwäng' ich nicht Liebe,
doch listig erzwäng' ich mir Lust?

  (Furchtbar laut.)
Spottet nur zu!
Der Niblung naht eurem Spiel!
(Wütend springt er nach dem mittleren Riff hinüber und klettert nach dessen Spitze hinauf.
Die Mädchen fahren kreischend auseinander und tauchen nach verschiedenen Seiten hinauf.)
Die drei Rheintöchter:
Heia! Heia! Heiajahei!
Rettet euch!
Es raset der Alb!
In den Wassern sprüht's,
wohin er springt –
die Minne macht ihn verrückt!
Hahahahahahaha!
Alberich (gelangt mit einem letzten Satze zur Spitze):
Bangt euch noch nicht?
So buhlt nun im Finstern,
feuchtes Gezücht!
  (Er streckt die Hand nach dem Gold aus.)
Das Licht lösch ich euch aus;
entreiße dem Riff das Gold,
schmiede den rächenden Ring;
denn hör es die Flut:

Mit letzter und wahrhaft verzweifelter Kraft verflucht er die Liebe:

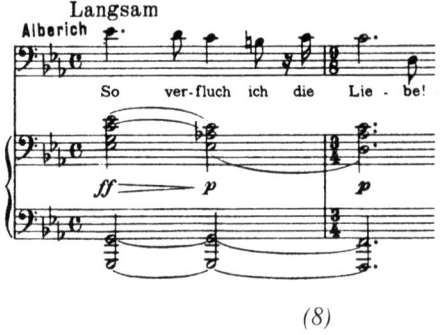

(8)

(Die Verwandtschaft dieser Stelle mit dem Liebesverzichts-Motiv, Notenbeispiel 7, ist deutlich hörbar.)
Rasende Bewegung bemächtigt sich des Orchesters, während Alberich das Rheingold raubt.

Der Nibelung ist mit seiner Beute verschwunden, der goldene Glanz erloschen, die durch das Wasser scheinende Sonne verblaßt. Die Erregung des Orchesters verebbt, sehr ausdrucksvoll steigt das Liebesverzichts-Motiv (Notenbeispiel 7) in Englisch-

so verfluch ich die Liebe!

(Er reißt mit furchtbarer Gewalt das Gold aus dem Riffe und stürzt damit hastig in die Tiefe, wo er schnell verschwindet. Dichte Nacht bricht plötzlich überall herein. Die Mädchen tauchen jach dem Räuber in die Tiefe nach.)
Floßhilde:
   Haltet den Räuber!
Wellgunde:
   Rettet das Gold!
Woglinde und Wellgunde:
   Hilfe! Hilfe!
Die drei Rheintöchter:
   Weh! Weh!
(Die Flut fällt mit ihnen nach der Tiefe hinab, aus dem untersten Grunde hört man Alberichs gellendes Hohngelächter. In dichtester Finsternis verschwinden die Riffe; die ganze Bühne ist von der Höhe bis zur Tiefe von schwarzem Gewoge erfüllt, das eine Zeitlang immer nach abwärts zu sinken scheint.)

horn und Horn aus dem Raunen der Violoncelli und dumpfen Untergrund der (Wagner-)Tuben. Dann: das Ring-Motiv, sehr deutlich:

(9)

Es kündet an, daß Alberich, heimgekehrt, nicht zaudern wird, das gefährliche Kleinod der Weltmacht zu schmieden. Immer wieder das Ring-Motiv (Notenbeispiel 6 oder, in verkürzter Form, Nr. 9), bis die Szene völlig in Dunkelheit verschwunden ist.

ERSTE SZENE

(Allmählich sind die Wogen in Gewölk übergegangen, welches, als eine immer heller dämmernde Beleuchtung dahinter tritt, zu feinerem Nebel sich abklärt.

Als der Nebel in zarten Wölkchen sich gänzlich in der Höhe verliert, wird im Tagesgrauen eine freie Gegend auf Bergeshöhen sichtbar. – Wotan, und neben ihm Fricka, beide schlafend, liegen zur Seite auf blumigen Grunde.)

Das Ring-Motiv ist in die Feierlichkeit eines neuen Themas eingegangen. Im Blech – vor allem den Wagner-Tuben – erklingt:

(10)

das Walhall-Motiv, Symbol der Gottheiten im »Ring des Nibelungen«. Auch ihm kommt höchste Bedeutung zu, wir werden es während aller Dramen verfolgen. Es ist Wotan, dem höchsten Gott, zugeordnet, läßt an seine Macht denken, an sein Schiedsrichteramt in den Kämpfen der Welt, an sein zuletzt tragisches Schicksal, das im Untergang enden wird. Sein Motiv strömt Majestät aus, Hoheit und Selbstsicherheit, mehr Festigkeit vielleicht, als dieser zwiespältigen, wankelmütigen Figur zukommt.
Das weihevolle Vorspiel, das der zweiten Szene vorausgeht, begleitet das Aufwachen des schlafenden Götterpaares Wotan und Fricka auf einer blumigen Wiese in gebirgiger Umwelt. Und begleitet mit erhöhtem Glanz das Auftauchen einer herrlichen Burg auf hohen Felsen, die langsam aus Nebeln oder Wolken hervortritt.

Mit einem jähen Absturz von Geigen und Celli fährt Fricka auf: Erschrocken weckt sie Wotan.

Doch Wotan hört, noch halb in Träumen, das stolze Motiv seiner Herrschaft.

ZWEITE SZENE
Freie Gegend auf Bergeshöhen

Der hervorbrechende Tag beleuchtet mit wachsendem Glanze eine Burg mit blinkenden Zinnen, die auf einem Felsgipfel im Hintergrund steht; zwischen diesem und dem Vordergrunde ist ein tiefes Tal, durch das der Rhein fließt, anzunehmen.
(Wotan und Fricka schlafend.)
(Die Burg ist ganz sichtbar geworden. – Fricka erwacht: ihr Auge fällt auf die Burg.)
Fricka (erschrocken):
  Wotan, Gemahl! Erwache!
Wotan (fortträumend):
  Der Wonne seligen Saal
  bewachen mir Tür und Tor:

Mit einer stärker abstürzenden Phrase aller Streicher rüttelt sie ihn wach.

Wotans erster Blick fällt auf die neue Burg; nur sehr leise, aber doch bestimmt, untermalt das Orchester seinen stolzen Eindruck mit dem Walhall-Motiv, dem Glauben an seine eigene ewige Macht.

In hastigem Sprechgesang erinnert Fricka Wotan an den verhängnisvollen Lohn für den Bau der Burg. Dazu erklingt bedeutungsvoll das Motiv, das Wotans Pakte oder Verträge bedeutet, zumeist »Vertrags-Motiv« genannt:

(11)

Es taucht im gesamten »Ring« ungezählte Male auf, da die »Verträge«, die Abkommen aller Art, wie sie irdisches Zusammenleben regeln, symbolisch in Wotans Lanze eingegraben sind und ihre Wahrung des Gottes heilige Pflicht darstellt. Auch dieses, wie

Mannes Ehre,
ewige Macht
ragen zu endlosem Ruhm!
Fricka (rüttelt ihn):
Auf, aus der Träume
wonnigem Trug!
Erwache, Mann, und erwäge!
Wotan (erwacht und erhebt sich ein wenig, sein Blick wird sogleich vom Anblick der Burg gefesselt):
Vollendet das ewige Werk!
Auf Berges Gipfel
die Götterburg;
prächtig prahlt
der prangende Bau!
Wie im Traum ich ihn trug,
wie mein Wille ihn wies,
stark und schön
steht er zur Schau;
hehrer, herrlicher Bau!
Fricka:
Nur Wonne schafft dir,
was mich erschreckt?
Dich freut die Burg,
mir bangt es um Freia.
Achtloser, laß dich erinnern
des ausbedungenen Lohns!
Die Burg ist fertig,
verfallen das Pfand:
vergaßest du, was du vergabst?

Wotan:
Wohl dünkt mich's, was sie bedangen,
die dort die Burg mir gebaut;
durch Vertrag zähmt' ich
ihr trotzig Gezücht,
daß sie die hehre
Halle mir schüfen;

nahezu alle »Leitmotive« Wagners, kommt in vielerlei Formen vor, die aber einen musikalischen »Kern« (hier die absteigende, wuchtige Tonfolge) stets deutlich erkennbar machen.
Das Vertrags-Motiv (Notenbeispiel 11) kehrt im Verlauf des erregten Gespräches zwischen den Ehegatten noch öfter wieder.

Als Fricka Wotans Machtstreben erwähnt, erklingt – eigenartigerweise – das Ring-Motiv (Notenbeispiele 6, 9), wohl als Andeutung, daß der Machtkampf bald neue Formen annehmen werde, was aber Fricka und auch Wotan bis zur Stunde noch nicht wissen oder ahnen.
Fricka erklärt sich, in sehr melodischen, schmeichelnden Phrasen um des Gatten Treue besorgt, gesteht, daß auch sie den Bau der Burg Walhall wünschte, um Wotan damit zu »häuslicherem« Leben zu überreden:

(Fortsetzung des Notenbeispiels S. 54)

die steht nun dank den Starken:
um den Sold sorge dich nicht.

Fricka:
O lachend frevelnder Leichtsinn!
Liebeloser Frohmut!
Wußt' ich um euren Vertrag,
dem Truge hätt' ich gewehrt;
doch mutig entferntet
ihr Männer die Frauen,
um taub und ruhig vor uns
allein mit den Riesen zu tagen.
So ohne Scham
verschenktet ihr Frechen
Freia, mein holdes Geschwister,
froh des Schächergewerbs.
Was ist euch Harten
doch heilig und wert,
giert ihr Männer nach Macht!
Wotan (ruhig):
Gleiche Gier
war Fricka wohl fremd,
als selbst um den Bau sie mich bat?
Fricka:
Um des Gatten Treue besorgt,
muß traurig ich wohl sinnen,
wie an mich er zu fesseln,
zieht's in die Ferne ihn fort:

herrliche Wohnung,
wonniger Hausrat
sollten dich binden

(12)

Ein Motiv, das im späteren Verlauf auch den Sinn von »Frau« im allgemeinen annehmen kann, von einer treu besorgten Hausfrau. Wotan wiederholt lächelnd, ironisch diese melodiöse Floskel mit anderem Text: Er betont sein Recht, ja seine Pflicht, den Kampf um die Welt immer von neuem zu bestehen. Dabei erklingt eine Tonfolge, die zumeist im Zusammenhang mit dem Walhall-Motiv auftaucht und bei dessen längeren Ausbreitungen gewissermaßen den machtvoll bekräftigenden Schluß bildet:

(13)

Die Szene ist, trotz ihres rezitativischen Charakters, stark von Leitmotiven durchsetzt. Bei der Anspielung Frickas auf den drohenden Verlust Freias zitiert das Orchester das Liebesverzichts-Motiv, Wotans Vertrags-Motiv antwortet.

zu säumender Rast.
Doch du bei dem Wohnbau sannst
auf Wehr und Wall allein:
Herrschaft und Macht
soll er dir mehren;
nur rastloser'n Sturm zu erregen,
erstand dir die ragende Burg.

Wotan (lächelnd):
Wolltest du Frau
in der Feste mich fangen,
mir Gotte mußt du schon gönnen,
daß, in der Burg
gefangen, ich mir
von außen gewinne die Welt.
Wandel und Wechsel
liebt, wer lebt:

das Spiel drum kann ich nicht sparen.

Fricka:
Liebeloser,
leidigster Mann!
Um der Macht und Herrschaft
müßigen Tand
verspielst du in lästerndem Spott
Liebe und Weibes Wert?
Wotan:
Um dich zum Weib zu gewinnen,

Das Tempo belebt sich dramatisch. Freia flieht vor den sie von ferne bedrohenden Riesen. Ein neues, erregtes Thema taucht auf:

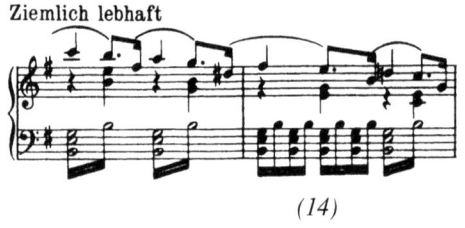

(14)

Ihm wird kaum eine einschränkende Bezeichnung gerecht. Hier drückt es Angst aus, bei späteren Verwendungen kann man es auch mit »starker innerer Bewegung« im allgemeinen identifizieren. Zu Freias letzten Worten wird zum ersten Mal der Rhythmus des Riesen-Motivs angedeutet, gewinnt aber noch keine Form.

Ungeduldig wartet Wotan auf das Erscheinen Loges. Fricka macht ihm darum Vorwürfe: Sie liebt den verschlagenen Halbbruder der Götter nicht.

Wotan verteidigt ihn:
(Notenbeispiel S. 58)

mein eines Auge
setzt' ich werbend daran:
wie törig tadelst du jetzt!
Ehr ich die Frauen
doch mehr, als dich freut!
Und Freia, die gute,
geb ich nicht auf:
nie sann dies ernstlich mein Sinn.
Fricka (mit ängstlicher Spannung in die Szene blickend):
So schirme sie jetzt;
in schutzloser Angst
läuft sie nach Hilfe dort her!
Freia (tritt wie in hastiger Flucht auf):

Hilf mir, Schwester!
Schütze mich, Schwäher!
Vom Felsen drüben
drohte mir Fasolt,

mich Holde käm' er zu holen.
Wotan:
Laß ihn drohn!
Sahst du nicht Loge?
Fricka:
Daß am liebsten du immer
dem Listigen traust!
Viel Schlimmes schuf er uns schon,
doch stets bestrickt er dich wieder.
Wotan:
Wo freier Mut frommt,

(15)

Zur Begleitung erklingt hier die eigenartige Tonfolge, die man Loge zurechnen muß: Sie hat – wie er selbst – viele Formen, gemeinsam ist ihnen stets die chromatische, wie kriechende, schleichende Bewegung der Harmonie (siehe den Baß unseres Beispiels: Gis-G-Fis-F-E).

Vor den herannahenden Riesen erzittert Freia abermals (Notenbeispiel 14, das zweimal, das letzte Mal verändert und wie in Todesangst, gesteigert erscheint).

Dann nähern sich die Riesen Fasolt und Fafner. Das Motiv, das Wagner ihnen zuteilt, ist ungemein plastisch: wuchtig, derb, primitiv:

(Notenbeispiel S. 60)

allein frag ich nach keinem;
doch des Feindes Neid
zum Nutz sich fügen,
lehrt nur Schlauheit und List,[1]
wie Loge verschlagen sie übt.
Der zum Vertrage mir riet,
versprach mir Freia zu lösen:
auf ihn verlass ich mich nun.

Fricka:
  Und er läßt dich allein!
  Dort schreiten rasch
  die Riesen heran:
  wo harrt dein schlauer Gehilf?
Freia:
  Wo harren meine Brüder,
  daß Hilfe sie brächten,
  da mein Schwäher die Schwache verschenkt?
  Zu Hilfe, Donner!
  Hieher, hieher!
  Rette Freia, mein Froh!
Fricka:
  Die im bösen Bund dich verrieten,
  sie alle bergen sich nun.
(Fasolt und Fafner, beide in riesiger Gestalt, mit starken Pfählen bewaffnet, treten auf.)

---

[1] TV: Anstelle von »nur« steht »mir«.

(16)

Es beherrscht den Beginn der nächsten Szene.

Als vom »bedungenen Lohn« die Rede ist – den Wotan in Abrede stellt –, gemahnt das Vertrags-Motiv ihn an seine Pflicht. Es wird noch des öfteren in dieser Szene ertönen, denn die Riesen beharren auf diesem Pakt, den Wotan leugnen will. Die Szene, die vor allem von großer Wortdeutlichkeit lebt, ist orchestral sparsam untermalt, aber von mehreren Motiven deutlich durchzogen: dem der Riesen, dem des Vertrags. Zudem von einer Tonfolge, die stets auftaucht, wenn von »Weibes Wonne und Wert« die Rede ist; sie ist eng mit dem Liebesfluch-Motiv verwandt (Notenbeispiel 8).

Fasolt:
>Sanft schloß
>Schlaf dein Aug:
>wir beide bauten
>Schlummers bar die Burg.
>Mächt'ger Müh
>müde nie,
>stauten starke
>Stein' wir auf;
>steiler Turm,
>Tür und Tor
>deckt und schließt
>im schlanken Schloß den Saal.
>*(Auf die Burg deutend)*
>Dort steht's,
>was wir stemmten;
>schimmernd hell
>bescheint's der Tag:
>zieh nun ein,
>uns zahl den Lohn!

Wotan:
>Nennt, Leute, den Lohn:
>was dünkt euch zu bedingen?

Fasolt:
>Bedungen ist[1],
>was tauglich uns dünkt:
>gemahnt es dich so matt?
>Freia, die holde,
>Holda, die freie –

---

[1] TV: Auch »Bedungen ist's«.

ERLÄUTERUNGEN

vertragen ist's
sie tragen wir heim.
Wotan (schnell):
Seid ihr bei Trost
mit eurem Vertrag?
Denkt auf andren Dank:
Freia ist mir nicht feil.
Fasolt (steht, in höchster Bestürzung, eine Weile sprachlos):
Was sagst du? Ha,
sinnst du Verrat?
Verrat am Vertrag?
Die dein Speer birgt,
sind sie dir Spiel,
des beratnen Bundes Runen?
Fafner:
Getreuster Bruder!
Merkst du Tropf nun Betrug?
Fasolt:
Lichtsohn du,
leicht gefügter,
hör und hüte dich:
Verträgen halte Treu!
Was du bist,
bist du nur durch Verträge:
bedungen ist,
wohl bedacht deine Macht.
Bist weiser du,
als witzig wir sind,
bandest uns Freie
zum Frieden du:
all deinem Wissen fluch ich,
fliehe weit deinen Frieden,
weißt du nicht offen,
ehrlich und frei
Verträgen zu wahren die Treu!
Ein dummer Riese
rät dir das:
du, Weiser, wiss' es von ihm!

ERLÄUTERUNGEN

Hier gibt Wagner dem gefühlvolleren der beiden Riesen (Fasolt) eine ausdrucksvolle, lyrische Phrase voll echter Liebessehnsucht:

(17)

Wotan:
> Wie schlau für Ernst du achtest,
> was wir zum Scherz nur beschlossen!
> Die liebliche Göttin,
> licht und leicht,
> was taugt euch Tölpeln ihr Reiz?

Fasolt:
> Höhnst du uns?
> Ha, wie unrecht.
> Die ihr durch Schönheit herrscht,
> schimmernd hehres Geschlecht,
> wie törig strebt ihr
> nach Türmen von Stein,
> setzt um Burg und Saal
> Weibes Wonne zum Pfand!
> Wir Plumpen plagen uns
> schwitzend mit schwieliger Hand,
> ein Weib zu gewinnen,
> das wonnig und mild
> bei uns Armen wohne:
> und verkehrt nennst du den Kauf?

Fafner denkt realistischer: Er hat erkannt, daß die Götter alles daransetzen werden, Freia nicht zu verlieren, da sie mit den goldenen Äpfeln ihres Gartens die Bewahrerin von deren ewiger Jugend ist:

(18)

Fafner:
>Schweig dein faules Schwatzen,
>Gewinn werben wir nicht:
>Freias Haft
>hilft wenig;
>doch viel gilt's,
>den Göttern sie zu entreißen[1].
>>*(Leise.)*
>Goldne Äpfel
>wachsen in ihrem Garten;
>sie allein
>weiß die Äpfel zu pflegen!
>Der Frucht Genuß
>frommt ihren Sippen
>zu ewig nie
>alternder Jugend;
>siech und bleich
>doch sinkt ihre Blüte,
>alt und schwach
>schwinden sie hin,
>müssen Freia sie missen.
>>*(Grob.)*
>Ihrer Mitte drum sei sie entführt!

Wotan:
>Loge säumt zu lang!

Fasolt:
>Schlicht gib nun Bescheid!

Wotan:
>Fordert andern Sold!

Fasolt:
>Kein andrer: Freia allein!

Fafner:
>Du da, folge uns!
>>*(Sie dringen auf Freia ein.)*

Freia:
>Helft, helft vor den Harten!

---

[1] TV: Auch »entführen« statt »entreißen«.

Mit dem Motiv der ewigen Jugend (Notenbeispiel 18) im Orchester stellen Froh und Donner sich in drohender Gebärde vor Freia. Das bewegte Orchester unterstreicht den drohenden Kampf.

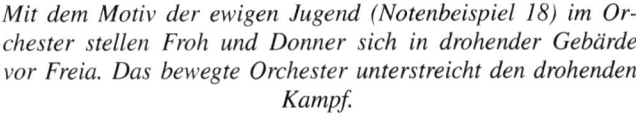

Wotan wirft sich dazwischen, mächtig erklingt im Orchester das Vertrags-Motiv (Notenbeispiel 11).

(Donner und Froh kommen eilig.)
Froh *(Freia in seine Arme fassend):*
 Zu mir, Freia!
  (zu Fafner)
 Meide sie, Frecher!
 Froh schützt die Schöne.
Donner (sich vor die beiden Riesen stellend):
 Fasolt und Fafner,
 fühltet ihr schon
 meines Hammers harten Schlag?
Fafner:
 Was soll das Drohn?
Fasolt:
 Was dringst du her?
 Kampf kiesten wir nicht,
 verlangen nur unsern Lohn.
Donner:
 Schon oft zahlt' ich
 Riesen den Zoll.[1]
 Kommt her! Des Lohnes Last
 wäg ich mit gutem Gewicht!
  (Er schwingt den Hammer.)
Wotan (seinen Speer zwischen den Streitenden ausstreckend):
 Halt, du Wilder!
 Nichts durch Gewalt!
 Verträge schützt
 meines Speeres Schaft:
 spar deines Hammers Heft!
Freia:
 Wehe! Wehe!
 Wotan verläßt mich!
Fricka:
 Begreif ich dich noch,
 grausamer Mann?

---

[1] Hier im Textbuch die zwei folgenden, nicht komponierten Verse eingeschoben:
 »schuldig blieb ich
 Schächern nie:«

Das Orchester geht mit Streicherklängen in eine unruhige Bewegung über. Starke Chromatik (Halbtonfortschreitungen) zeichnet Loges Nahen aus. Man versteht, daß diese gestaltlose, rastlos bewegte Musik schnell wechselnder Harmonien den Gott des Feuers und der Schlauheit, ja (wie Froh es sagt) der Lüge charakterisiert:

(19)
Dem aufmerksamen Beobachter entgeht der enge Zusammenhang dieses Motivs mit dem Notenbeispiel 15 nicht – beide (Notenbeispiel 15 und 19) sind Loge-Motive.

Loge, von allen sehnlich erwartet, weiß das Gespräch zuerst geschickt auf die neue Burg zu lenken; dabei erklingt das Walhall-Motiv (Notenbeispiel 10). Loge hält sich sehr berechnend lange bei diesem Thema auf. Geradeso breitet das Orchester das Motiv weit aus.

ZWEITE SZENE

Wotan (wendet sich ab und sieht Loge kommen):
  Endlich Loge!
  Eiltest du so,
  den du geschlossen,
  den schlimmen Handel zu schlichten?

Loge (ist im Hintergrunde aus dem Tale heraufgestiegen):

  Wie? Welchen Handel
  hätt' ich geschlossen?
  Wohl was mit den Riesen
  dort im Rate du dangst?
  Zu[1] Tiefen und Höhen
  treibt mich mein Hang;
  Haus und Herd
  behagt mir nicht:
  Donner und Froh,
  die denken an Dach und Fach!
  Wollen sie frein,
  ein Haus muß sie erfreun.
  Ein stolzer Saal,
  ein starkes Schloß,
  danach stand Wotans Wunsch.
  Haus und Hof,
  Saal und Schloß,
  die selige Burg,
  sie steht nun fest gebaut;
  das Prachtgemäuer
  prüft' ich selbst;
  ob alles fest,
  forscht' ich genau:

---

[1] TV: Anstelle von »zu« auch »in«.

Bei Loges bewundernder Feststellung, daß die Burg tadellos gebaut sei, erklingt der Motivschluß (Notenbeispiel 13). Dann wird wieder Loges Tonfolge (Notenbeispiel 19) zum musikalischen Baustein der Szene...

einmal vom Vertrags-Motiv unterbrochen (Notenbeispiel 11), als Wotan Loge dringend mahnt, ihn von der drohenden Vertragserfüllung zu lösen.

Fasolt und Fafner
fand ich bewährt;
kein Stein wankt im Gestemm.

Nicht müßig war ich,
wie mancher hier:
der lügt, wer lässig mich schilt!
Wotan:
Arglistig
weichst du mir aus:
mich zu betrügen
hüte in Treuen dich wohl!
Von allen Göttern
dein einz'ger Freund
nahm ich dich auf
in der übel trauenden Troß.
Nun red und rate klug!
Da einst die Bauer der Burg
zum Dank Freia bedangen,
du weißt, nicht anders
willigt' ich ein,
als weil auf Pflicht du gelobtest,
zu lösen das hehre Pfand.
Loge:
Mit höchster Sorge
drauf zu sinnen,
wie es zu lösen,
das – hab ich gelobt.
Doch daß ich fände,
was nie sich fügt,
was nie gelingt,
wie ließ' sich das wohl geloben?
Fricka (zu Wotan):
Sieh, welch trugvollem
Schelm du getraut!
Froh (zu Loge):
Loge heißt du,
doch nenn ich dich Lüge!

Mit dem Riesen-Motiv (Notenbeispiel 16) mischen sich Fafner und Fasolt in die Beratungen der Götter, sie wollen eine rasche Entscheidung erzwingen.

Wotan, in wachsender Verlegenheit, bedrängt Loge (Notenbeispiel 19).

Loge spielt den Verlegenen, zu kurzen Akkorden des Orchesters stammelt er...

Donner:
   Verfluchte Lohe,
   dich lösch ich aus!
Loge:
   Ihre Schmach zu decken
   schmähen mich Dumme.
      (Donner holt auf Loge aus.)
Wotan (tritt dazwischen):
   In Frieden laßt mir den Freund!
   Nicht kennt ihr Loges Kunst:
   reicher wiegt
   seines Rates Wert,
   zahlt er zögernd ihn aus.
Fafner:
   Nichts gezögert!
   Rasch gezahlt!
Fasolt:
   Lang währt's mit dem Lohn.
Wotan (wendet sich hart zu Loge, drängend):
   Jetzt hör, Störrischer!
   Halte Stich!
   Wo schweiftest du hin und her?
Loge:
   Immer ist Undank
   Loges Lohn!
   Für dich nur besorgt,
   sah ich mich um,
   durchstöbert' im Sturm
   alle Winkel der Welt,
   Ersatz für Freia zu suchen,
   wie er den Riesen wohl recht.
   Umsonst sucht' ich
   und sehe nun wohl,
   in der Welten Ring
   nichts ist so reich,
   als Ersatz zu muten dem Mann

wird erst wieder melodisch ausdrucksvoller, als er betont, daß es auf der Welt nichts gebe, »als Ersatz zu muten dem Mann für Weibes Wonne und Wert«:

(20)

Der Unmut der Götter gegen Loge steigt unaufhörlich weiter an, während dieser ungestört melodisch schwärmt von der Unersetzlichkeit der Liebe. Doch ist dies ein von Loge genau berechneter Vorgang.

Denn nun kommt er, wie von ungefähr und fast ohne Bedeutung, auf den einen zu sprechen, der auf die Liebe verzichtete: Das Gold-Motiv (Notenbeispiel 4) erklingt leise im Horn,

das Motiv der Rheintöchter (Notenbeispiel 3) taucht auf. Loge erzählt die Geschichte vom Raub des Rheingoldes, die der Zuschauer in der ersten Szene des Werkes erlebte.

für Weibes Wonne und Wert.

(Alle geraten in Erstaunen und verschiedenartige Betroffenheit.)
So weit Leben und Weben,
in Wasser, Erd und Luft,
viel frug ich,
forschte bei allen,
wo Kraft nur sich rührt
und Keime sich regen:
was wohl dem Manne
mächt'ger dünk'
als Weibes Wonne und Wert?
Doch so weit Leben und Weben,
verlacht nur ward
meine fragende List:
in Wasser, Erd und Luft
lassen will nichts
von Lieb und Weib.
Nur einen sah ich,
der sagte der Liebe ab:
um rotes Gold
entriet er des Weibes Gunst.
Des Rheines klare Kinder
klagten mir ihre Not:
der Nibelung,

Vielerlei Motive begleiten die Schilderung, wie nur natürlich (das Motiv des Goldes und das seiner Hüterinnen, das des Ringes), dies alles vor dem fast ständig präsenten Motiv Loges (Notenbeispiel 19).

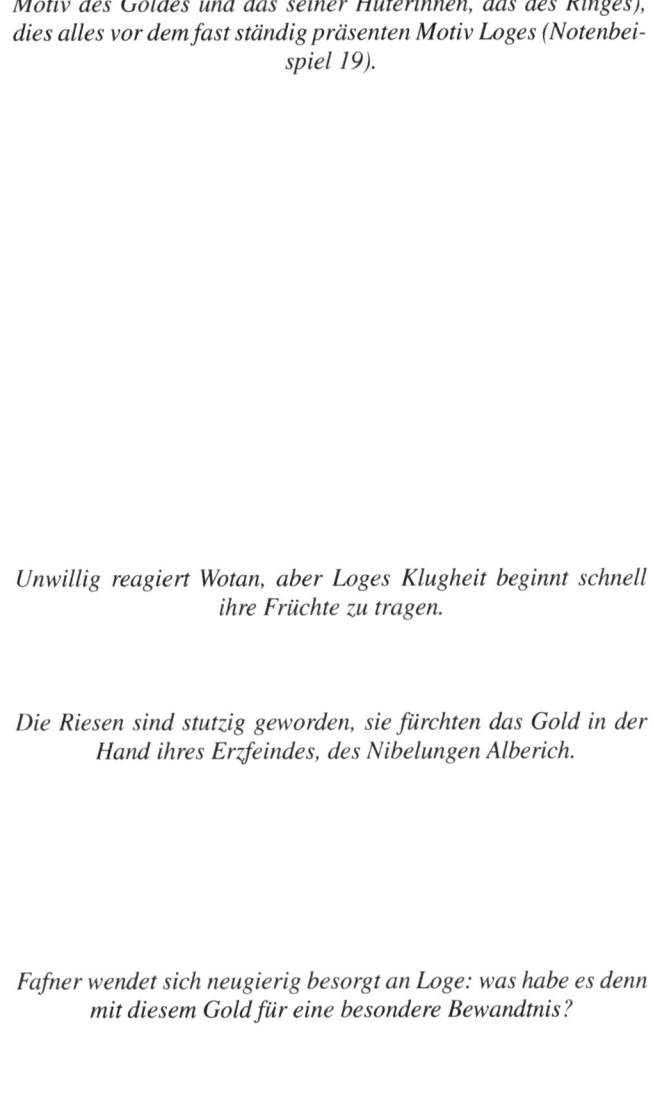

Unwillig reagiert Wotan, aber Loges Klugheit beginnt schnell ihre Früchte zu tragen.

Die Riesen sind stutzig geworden, sie fürchten das Gold in der Hand ihres Erzfeindes, des Nibelungen Alberich.

Fafner wendet sich neugierig besorgt an Loge: was habe es denn mit diesem Gold für eine besondere Bewandtnis?

Nacht-Alberich,
buhlte vergebens
um der Badenden Gunst;
das Rheingold da
raubte sich rächend der Dieb:
das dünkt ihm nun
das teuerste Gut,
hehrer als Weibes Huld.
Um den gleißenden Tand,
der Tiefe entwandt,
erklang mit der Töchter Klage:
an dich, Wotan,
wenden sie sich,
daß zu Recht du zögest den Räuber,
das Gold dem Wasser
wieder gebest
und ewig es bliebe ihr Eigen.
        (Hingebende Bewegung aller.)
Dir's zu melden
gelobt' ich den Mädchen:
nun löste Loge sein Wort.

Wotan:
Törig bist du,
wenn nicht gar tückisch!
Mich selbst siehst du in Not:
wie hülf ich andern zum Heil?

Fasolt (der aufmerksam zugehört, zu Fafner):
Nicht gönn ich das Gold dem Alben,
viel Not schon schuf uns der Niblung,
doch schlau entschlüpfte unserm
Zwange immer der Zwerg.

Fafner:
Neue Neidtat
sinnt uns der Niblung,
gibt das Gold ihm Macht.
Du da, Loge!
Sag ohne Lug:
was Großes gilt denn das Gold,
daß dem Niblung es genügt?

Loge erklärt: Mit dem Gold-Motiv der Rheintöchter beginnt er:

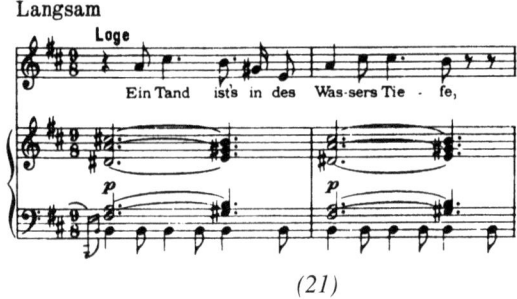

(21)

Aber als er zur wahren Bedeutung des Schatzes kommt, erklingt bedeutungsvoll das Ring-Motiv (Notenbeispiele 6 und 9).

Es tönt noch fort, als Wotan sich nun sehr ernst und sinnend über die Zusammenhänge klar wird.

Ganz anders (oder gar nicht) versteht Fricka die Bedeutung von Loges Bericht. Sie möchte das Gold – bei schmeichelnden Melodien, denen man erotische Gefühle zugrundelegen könnte – zur Wiedergewinnung von Wotans Liebe und Treue verwenden.

Loge:

    Ein Tand ist's
    in des Wassers Tiefe,
    lachenden Kindern zur Lust:

    doch, ward es zum runden
    Reife geschmiedet,
    hilft es zur höchsten Macht,
    gewinnt dem Manne die Welt.
Wotan (sinnend):
    Von des Rheines Gold
    hört' ich raunen:
    Beute-Runen
    berge sein roter Glanz,
    Macht und Schätze
    schüf' ohne Maß ein Reif.
Fricka (leise zu Loge):
    Taugte wohl
    des goldnen Tandes
    gleißend Geschmeid
    auch Frauen zu schönem Schmuck?
Loge:
    Des Gatten Treu
    ertrotzte die Frau,
    trüge sie hold
    den hellen Schmuck,
    den schimmernd Zwerge schmieden,
    rührig im Zwange des Reifs.

Wotan aber hört ihr nicht zu: Seine Gedanken weilen in immer stärkerem Maße beim Ring, der Lockung und Gefahr zugleich bedeutet: Sein Motiv (Notenbeispiele 6, 9) beherrscht nun weitgehend die Szene...

einmal unterbrochen vom Liebesverzichts-Motiv (Notenbeispiel 7), als Loge ironisch ein solches Entsagen Wotan nahezulegen scheint. Doch sei dies, setzt Loge hinzu, nun nicht mehr nötig; denn Alberich habe den großen Verzicht geleistet und den Ring geschmiedet.

Wotans Entschluß steht fest: Er muß den Ring besitzen.

Fricka (schmeichelnd zu Wotan):
 Gewänne mein Gatte sich wohl das Gold?
Wotan (wie in einem Zustande wachsender Bezauberung):
 Des Reifes zu walten,
 rätlich will es mich dünken.
 Doch wie, Loge,
 lernt' ich die Kunst?
 Wie schüf' ich mir das Geschmeid!
Loge:
 Ein Runenzauber
 zwingt das Gold zum Reif.
 Keiner kennt ihn;
 doch einer übt ihn leicht,
 der sel'ger Lieb entsagt.
   (Wotan wendet sich unmutig ab.)
 Das sparst du wohl;
 zu spät auch kämst du:
 Alberich zauderte nicht;
 zaglos gewann er
 des Zaubers Macht:
         (grell)
 geraten ist ihm der Ring.
Donner (zu Wotan):
 Zwang uns allen
 schüfe der Zwerg,
 würd' ihm der Reif nicht entrissen.
Wotan:
 Den Ring muß ich haben!
Froh:
 Leicht erringt
 ohne Liebesfluch er sich jetzt.
Loge (grell):
 Spottleicht,
 ohne Kunst wie im Kinderspiel!
Wotan:
 So rate, wie?
Loge:
 Durch Raub!
 Was ein Dieb stahl,

Bei Erwähnung der Rheintöchter taucht deren Motiv (Notenbeispiel 5) auf: Loge rät listig, das Gold ihnen wiederzugeben, wenn Wotan es durch Raub in seine Macht gebracht habe.

Wütend schlägt Wotan diesen Gedanken ab und ist für einmal einer Meinung mit Fricka, die den Rheintöchtern keineswegs gut gesinnt ist. Eine Klarinette läßt ihr Motiv (Notenbeispiel 3) erklingen:

(22)

Sind die Rheintöchter doch nicht so harmlos, wie ihre Spiele im ersten Bild es vermuten ließen und ihre Musik, die licht und unschuldsvoll scheint? Fricka sagt es deutlich.

Fafner überzeugt den Bruder, daß das Gold wichtiger sei als Freia.

Das Motiv der goldenen Äpfel – der ewigen Jugend – erklingt, als er meint, mit der grenzenlosen Macht des Ringes ließe sich auch die Jugend erzwingen (Notenbeispiel 18).

das stiehlst du dem Dieb:
ward leichter ein Eigen erlangt?
Doch mit arger Wehr
wahrt sich Alberich;
klug und fein
mußt du verfahren,
ziehst den Räuber du zu Recht,
um des Rheines Töchtern
den roten Tand,
          (mit Wärme)
das Gold, wieder zu geben;
denn darum flehen sie dich.

Wotan:
Des Rheines Töchtern?[1]
Was taugt mir der Rat?

Fricka:
Von dem Wassergezücht
mag ich nichts wissen:
schon manchen Mann
– mir zum Leid –
verlockten sie buhlend im Bad.

(Wotan steht stumm mit sich kämpfend; die übrigen Götter heften in schweigender Spannung die Blicke auf ihn. Währenddem hat Fafner beiseite mit Fasolt beraten.)
Fafner (zu Fasolt):
Glaub mir, mehr als Freia
frommt das gleißende Gold:
auch ew'ge Jugend erjagt,
wer durch Goldes Zauber sie zwingt.

---

[1] TV: Hier auch »Des Rheines Töchter«.

Die Riesen treten an Wotan heran (zu ihrem Motiv, Notenbeispiel 16) und verkünden ihm ihren Entschluß.

(Fasolts Gebärde deutet an, daß er sich wider Willen überredet fühlt. Fafner tritt mit Fasolt wieder an Wotan heran.)
Hör, Wotan,
der Harrenden Wort!
Freia bleib' euch in Frieden;
leichtren Lohn
fand ich zur Lösung:
uns rauhen Riesen genügt
des Niblungen rotes Gold.
Wotan:
Seid ihr bei Sinn?
Was nicht ich besitze,
soll ich euch Schamlosen schenken?
Fafner:
Schwer baute
dort sich die Burg:
leicht wird dir's
mit list'ger Gewalt,
was im Neidspiel nie uns gelang,
den Niblungen fest zu fahn.
Wotan:
Für euch müht' ich
mich um den Alben?
Für euch fing ich den Feind?
Unverschämt
und überbegehrlich
macht euch Dumme mein Dank!
Fasolt (ergreift plötzlich Freia und führt sie mit Fafner zur Seite):
Hieher, Maid!
In unsre Macht!
Als Pfand folgst du uns jetzt,
bis wir Lösung empfahn.
Freia (schreiend):
Wehe! Wehe! Weh!
Fafner:
Fort von hier
sei sie entführt!
Bis Abend, achtet's wohl,

Nach Freias Verschleppung hat die Bühne sich allmählich verfinstert, das Orchester setzt nun mit einem fast unhörbaren, gespensterhaften Tremolo der Geigen und Bratschen ein, aus dem wie aus Nebel einzelne Bläsermotive steigen. Es sind zum Teil

pflegen wir sie als Pfand:
wir kehren wieder;
doch kommen wir,
und bereit liegt nicht als Lösung
das Rheingold licht und rot –
Fasolt:
Zu End ist die Frist dann,
Freia verfallen:
für immer folge sie uns!
Freia (schreiend):
Schwester! Brüder!
Rettet! Helft!
(Sie wird von den hastig enteilenden Riesen fortgetragen.)
Froh:
Auf, ihnen nach!
Donner:
Breche denn alles!
(Sie blicken Wotan fragend an.)
Freia (aus der Ferne):
Rettet! Helft!
Loge (den Riesen nachsehend):
Über Stock und Stein zu Tal
stapfen sie hin;
durch des Rheines Wasserfurt
waten die Riesen:
fröhlich nicht
hängt Freia
den Rauhen über den Rücken!
Heia! hei!
Wie taumeln die Tölpel dahin!
Durch das Tal talpen sie schon:
wohl an Riesenheims Mark
erst halten sie Rast!
Was sinnt nun Wotan so wild?
Den sel'gen Göttern wie geht's?
(Ein fahler Nebel erfüllt mit wachsender Dichtheit die Bühne; in ihm erhalten die Götter ein zunehmend bleiches und ältliches Aussehen: alle stehen bang und erwartungsvoll auf Wotan blickend, der sinnend die Augen an den Boden heftet.)

Anklänge an das Liebesmotiv, das oft mit Freia in Verbindung gebracht wird: Göttin der Jugend und Schönheit, aber wohl ebenso der Liebe, der Liebessehnsucht. Auch das Motiv der goldenen Äpfel durchgeistert die Musik, nun, da deren Hüterin von den Riesen entführt wurde. Lange Zeit hindurch ist es nur noch Loge, der spricht. Er beobachtet das Erbleichen seiner Halbbrüder, denen die Früchte der ewigen Jugend schon jetzt zu fehlen beginnen.

Trügt mich ein Nebel?
Neckt mich ein Traum?
Wie bang und bleich
verblüht ihr so bald!
Euch erlischt der Wangen Licht;
der Blick eures Auges verblitzt!
Frisch, mein Froh,
noch ist's ja früh!
Deiner Hand, Donner,
entsinkt ja der Hammer!
Was ist's mit Fricka?
Freut sie sich wenig
ob Wotans grämlichem Grau,
das schier zum Greisen ihn schafft?
Fricka:
Wehe! Wehe!
Was ist geschehn?
Donner:
Mir sinkt die Hand.
Froh:
Mir stockt das Herz.
Loge:
Jetzt fand ich's! Hört, was euch
fehlt! Von Freias Frucht
genosset ihr heute noch nicht:
die goldnen Äpfel
in ihrem Garten,
sie machten euch tüchtig und jung,
aßt ihr sie jeden Tag.
Des Gartens Pflegerin
ist nun verpfändet;
an den Ästen darbt
und dorrt das Obst:
bald fällt faul es herab.
Mich kümmert's minder;

Da rafft Wotan sich auf: Loge soll ihn nach Nibelheim begleiten.

Noch einmal bringt Loge die Sprache auf die Rheintöchter (wozu Notenbeispiel 5 in einer Verzerrung ertönt);

Wotan weist die Forderung nach Rückgabe des Schatzes weit von sich; nun gilt es, »Freia zu lösen« –

> an mir ja kargte
> Freia von je
> knausernd die köstliche Frucht:
> denn halb so echt nur
> bin ich wie, Selige, ihr!
> *(Frei, doch lebhaft und grell)*
> Doch ihr setztet alles
> auf das jüngende Obst:
> das wußten die Riesen wohl;
> auf euer Leben
> legten sie's an:
> nun sorgt, wie ihr das wahrt!
> Ohne die Äpfel
> alt und grau,
> greis und grämlich,
> welkend zum Spott aller Welt,
> erstirbt der Götter Stamm.

Fricka (bang):
> Wotan, Gemahl,
> unsel'ger Mann!
> Sieh, wie dein Leichtsinn
> lachend uns allen
> Schimpf und Schmach erschuf!

Wotan (mit plötzlichem Entschluß auffahrend):
> Auf, Loge,
> hinab mit mir!
> Nach Nibelheim fahren wir nieder:
> gewinnen will ich das Gold.

Loge:
> Die Rheintöchter
> riefen dich an:
> so dürfen Erhörung sie hoffen?

Wotan (heftig):
> Schweige, Schwätzer!
> Freia, die gute,
> Freia gilt es zu lösen.

Loge:
> Wie du befiehlst,

*aber dann wird das Ring-Motiv (Notenbeispiel 6) im Orchester angedeutet. Durch Wotans Kopf zieht bereits der Gedanke, wenigstens den Ring nicht für Freias Lösung zu verwenden, sondern für sich zu behalten...
Und während Wotan und Loge sich durch eine Kluft ins Erdinnere hinablassen, begleiten auf und ab wogende chromatische Skalen und Tremoli der Streicher die sich langsam über die Bühne breitenden Nebel, in denen, bei steigender Orchesterkraft, bald die Szene verschwunden ist.*

Wieder legt Wagner – statt eines trennenden Vorhangs – ein verbindendes, überleitendes Orchesterzwischenspiel ein, während dessen das Bild sich allmählich verwandeln soll, als begleiteten wir den Weg der Götter nach Nibelheim, tief in die Erde. Eine Fülle von Motiven bilden das Skelett dieses Zwischenspiels: das Motiv Loges, das Motiv von »Weibes Wonne und Wert«, Alberichs Klageschreie bei seiner Zurückstoßung durch die Rheintöchter. Immer deutlicher wird ein hart gehämmerter Rhythmus

führ ich dich gern[1]
steil hinab:
steigen wir denn durch den Rhein?
Wotan:
Nicht durch den Rhein!
Loge:
So schwingen wir uns
durch die Schwefelkluft?
Dort schlüpfe mit mir hinein!
(Er geht voran und verschwindet seitwärts in einer Kluft, aus der sogleich ein schwefliger Dampf hervorquillt.)
Wotan:
Ihr andern harrt
bis Abend hier:
verlorner Jugend
erjag ich erlösendes Gold!

(Er steigt Loge nach in die Kluft hinab: der aus ihr dringende Schwefeldampf verbreitet sich über die ganze Bühne und erfüllt diese schnell mit dickem Gewölk. Bereits sind die Zurückbleibenden unsichtbar.)
Donner:
Fahre wohl, Wotan!
Froh:
Glück auf! Glück auf!
Fricka:
O kehre bald
zur bangenden Frau!

(Der Schwefeldampf verdüstert sich zu ganz schwarzem Gewölk, welches von unten nach oben steigt; dann verwandelt sich dieses in festes, finstres Steingeklüft, das sich immer aufwärts bewegt, so daß es den Anschein hat, als sänke die Szene immer tiefer in die Erde hinab.)

---

[1] TV: Anstelle von »gern« steht »schnell«.

durch alles hindurch hörbar: Die Reisenden nähern sich den Schmieden der Nibelungen.
Das Motiv, das diesem Zwergenvolk zugeteilt ist, muß in erster Linie rhythmisch erfaßt werden. Lange schon bevor es in seiner endgültigen Gestalt im Orchester auftaucht, ist der Rhythmus gegenwärtig, der so poetisch wie realistisch den Hammerschlägen auf zahlreiche Ambosse abgelauscht scheint.

Dann erscheint das Motiv in seiner Gestalt: Zum Rhythmus sind nun Melodie und (dissonante) Harmonie getreten:

(23)

Mit diesem unaufhörlich wiederkehrenden Motiv geht das Zwischenspiel zu Ende. Die Plastizität, mit der Wagner seine Bühnenwerke erfindet, ist bewunderswert: Seine Phantasie läßt ihn Szenen voraussahnen, die man ein Jahrhundert später »filmisch« nennen würde.
Hier steigen Wotan und Loge durch Erdschächte immer tiefer abwärts, das Geräusch der Hämmer auf den Ambossen der Schmiede schwillt an und verebbt schließlich wieder, wenn die Reisenden sich dem Ziel nähern und aus dem vorherrschenden Dunkel allmählich wieder Einzelheiten hervortreten.

ZWEITE SZENE

(Von verschiedenen Seiten her dämmert aus der Ferne dunkelroter Schein auf: Wachsendes Geräusch wie von Schmiedenden wird überallher vernommen.)

(Das Getöse der Ambosse verliert sich. Eine unabsehbar weit sich dahinziehende unterirdische Kluft wird erkennbar, die nach allen Seiten hin in enge Schachte auszumünden scheint.)

Der Schmiederhythmus (Notenbeispiel 23) ist in ein klagendes Motiv übergegangen; es begleitet die Mißhandlungen, denen Alberich seinen Bruder Mime aussetzt, und dessen lautes Wehklagen.

Alberich entwindet Mime den Tarnhelm. Und obwohl er dessen Funktion vorerst nur ahnt, läßt das Orchester in den gestopften Hörnern (wodurch der Klang im Pianissimo geheimnisvoll, unheimlich wird) das Motiv erklingen, das den unsichtbar

DRITTE SZENE
Nibelheim
Alberich (zerrt den kreischenden Mime an den Ohren aus einer Seitenschluft herbei):
Hehe! hehe!
Hieher! hieher!
Tückischer Zwerg!
Tapfer gezwickt
sollst du mir sein,
schaffst du nicht fertig,
wie ich's bestellt,
zur Stund das feine Geschmeid!
Mime (heulend):
Ohe! Ohe!
Au! Au!
Laß mich nur los!
Fertig ist's,
wie du befahlst;
mit Fleiß und Schweiß
ist es gefügt:
nimm nur die *(grell)*
Nägel vom Ohr!
Alberich:
Was zögerst du dann
und zeigst es nicht?
Mime:
Ich Armer zagte,
daß noch was fehle.
Alberich:
Was wär' noch nicht fertig?
Mime (verlegen):
Hier... und da.
Alberich:
Was hier und da?
Her das Geschmeid!
(Er will ihm wieder an das Ohr fahren; vor Schreck läßt Mime ein metallnes Gewirke, das er krampfhaft in den Händen hielt, sich entfallen. Alberich hebt es hastig auf und prüft es genau.)

machenden oder fremde Gestalt verleihenden Tarnhelm von nun an begleiten wird:

(24)

Hier versucht Alberich nun den Tarnhelm. Das Notenbeispiel 24 ertönt in gespenstischem Pianissimo zweimal hintereinander.

Das Orchester erklingt wieder tonmalerisch zur realistischen Darstellung der Prügel, die Alberich Mime versetzt.

Schau, du Schelm!
Alles geschmiedet
und fertig gefügt,
wie ich's befahl!
So wollte der Tropf
schlau mich betrügen,
für sich behalten
das hehre Geschmeid,
das meine List
ihn zu schmieden gelehrt?
Kenn ich dich dummen Dieb?
    (Er setzt das Gewirk als »Tarnhelm« auf den Kopf.)
Dem Haupt fügt sich der Helm:
ob sich der Zauber auch zeigt?
(Sehr leise.)
»Nacht und Nebel,
niemand gleich!«
(Seine Gestalt verschwindet; statt ihrer gewahrt man eine Nebel-
*   säule.)*
Siehst du mich, Bruder?
Mime (blickt sich verwundert um):
Wo bist du? Ich sehe dich nicht.
Alberich (unsichtbar):
So fühle mich doch,
du fauler Schuft!
Nimm das für dein Diebsgelüst!

Alberich eilt, im Schutze seines Tarnhelms, davon, um seine Untertanen von nahe zu bewachen und zur ständigen Arbeit für ihn anzutreiben. Das Schmiede-Motiv (Nibelungen-Motiv, Notenbeispiel 23) wird wieder hörbar. Es mischt sich mit Mimes Klagelauten.

DRITTE SZENE

Mime (windet sich unter empfangenen Geißelhieben, deren Fall man vernimmt, ohne die Geißel selbst zu sehen):
 Ohe! Ohe!
 Au! Au! Au!
Alberich (lachend, unsichtbar):
 Hahahahahaha!
 Hab Dank, du Dummer!
 Dein Werk bewährt sich gut.
 Hoho! Hoho!
 Niblungen all,
 neigt euch nun Alberich!
 Überall weilt er nun,
 euch zu bewachen;
 Ruh und Rast
 ist euch zerronnen;
 ihm müßt ihr schaffen,
 wo nicht ihr ihn schaut;
 wo nicht ihr ihn gewahrt,
 seid seiner gewärtig:
 untertan seid ihr ihm immer!
  (Grell.)
 Hoho! hoho!
 Hört ihn, er naht:
 der Niblungen Herr!
(Die Nebelsäule verschwindet dem Hintergrunde zu: man hört in immer weiterer Ferne die tobende Ankunft Alberichs. – Mime ist vor Schmerz zusammengesunken.)

(Wotan und Loge lassen sich aus einer Schluft von oben herab.)
Loge:
 Nibelheim hier:
 durch bleiche Nebel
 was[1] blitzen dort feurige Funken!
Mime:
 Au! Au! Au!

---

[1] TV: Für »was« steht »wie«.

Mime berichtet vom Ring, den Alberich geschmiedet. Das Ring-Motiv taucht auf (Notenbeispiele 6, 9), aber es bleibt Andeutung, vielleicht weil Mime die wahre Bedeutung des Ringes – die Weltherrschaft – nicht errät oder nicht begreifen kann und ihn nur für ein Mittel hält, mit dem Alberich sein eigenes Volk, die Nibelungen, zu knechten denkt.

Er erzählt von den vorherigen, harmlosen Schmiedearbeiten, in denen die Zwerge stets Meister waren, und das Schmiede-Motiv (Notenbeispiel 23) nimmt hier einen freundlich-heiteren Charakter an...

Wotan:
 Hier stöhnt es laut:
 was liegt im Gestein?
Loge (sich zu Mime neigend):
 Was Wunder wimmerst du hier?
Mime:
 Ohe! Ohe!
 Au! Au!
Loge:
 Hei, Mime! Muntrer Zwerg!
 Was zwickt und zwackt dich denn so?
Mime:
 Laß mich in Frieden!
Loge:
 Das will ich freilich,
 und mehr noch, hör:
 helfen will ich dir, Mime!
   (Er stellt ihn mühsam aufrecht.)
Mime:
 Wer hälfe mir?
 Gehorchen muß ich
 dem leiblichen Bruder,
 der mich in Bande gelegt.
Loge:
 Dich, Mime, zu binden,
 was gab ihm die Macht?
Mime:
 Mit arger List
 schuf sich Alberich
 aus Rheines Gold
 einen gelben Reif:
 seinem starken Zauber
 zittern wir staunend;
 mit ihm zwingt er uns alle,
 der Niblungen nächt'ges Heer.
 Sorglose Schmiede,
 schufen wir sonst wohl
 Schmuck unsern Weibern,
 wonnig Geschmeid,

*bis Mime seine Erzählung zur Erwähnung der neuen Situation
steigert. Dann wandelt sich das Motiv, von dissonanten Harmonien umgeben, wieder zu seinem drohenden, zwangsartigen Charakter.*

niedlichen Niblungentand,
wir lachten lustig der Müh.
Nun zwingt uns der Schlimme,
in Klüfte zu schlüpfen,
für ihn allein
uns immer zu mühn.
Durch des Ringes Gold
errät seine Gier,
wo neuer Schimmer
in Schachten sich birgt:
da müssen wir spähen,
spüren und graben,
die Beute schmelzen
und schmieden den Guß,
ohne Ruh und Rast
dem Herrn zu häufen den Hort.

Loge:
Dich Trägen soeben
traf wohl sein Zorn?

Mime:
Mich Armen[1], ach,
mich zwang er zum Ärgsten:
ein Helmgeschmeid
hieß er mich schweißen;
genau befahl er,
wie es zu fügen.
Wohl merkt' ich klug,
welch mächt'ge Kraft
zu eigen dem Werk,
das aus Erz ich wob:
für mich drum hüten
wollt' ich den Helm,
durch seinen Zauber
Alberichs Zwang mich entziehn –
vielleicht, ja vielleicht
den Lästigen selbst überlisten,
in meine Gewalt ihn zu werfen,

---

[1] TV: Hier auch »Ärmsten«.

Das Ring-Motiv (Notenbeispiele 6, 9) ertönt immer stärker, während der Gedanke an den Besitz des Ringes noch einmal – nun gescheitert – in Mimes Kopf aufblitzt.

Das Motiv des Tarnhelms (Notenbeispiel 24) erklingt zu Mimes bedauernden Worten.

Es geht dann in jene tonmalerische Schilderung der Schläge über, die die entsprechende Szene zwischen Alberich und Mime ähnlich begleitete.

In voller Kraft der Holzbläser reckt sich das Ring-Motiv (Notenbeispiele 6, 9) empor: Die Götter erkennen, trotz ihres Lachens über Mime, die Schwierigkeit ihrer Aufgabe.

Loges Motiv (Notenbeispiel 19) begleitet die Worte Wotans, der an die Schlauheit Loges appelliert.

Bei diesen Worten leitet zuerst Loges Stimme in das Schmiede-(Nibelungen-)Motiv über, das vom Orchester aufgenommen wird.

Die »Schläge« lösen es ab, Mimes panische Angst deutet Alberichs Kommen an.

den Ring ihm zu entreißen,
daß, wie ich Knecht jetzt dem Kühnen,
(grell) mir Freien er selber dann frön'!
Loge:
Warum, du Kluger,
glückte dir's nicht?
Mime:
Ach, der das Werk ich wirkte,
den Zauber, der ihm entzuckt,
den Zauber erriet ich nicht recht!
Der das Werk mir riet
und mir's entriß,
der lehrte mich nun
– doch leider zu spät! –
welche List läg' in dem Helm:
meinem Blick entschwand er,
doch Schwielen dem Blinden
schlug unschaubar sein Arm.
(Heulend und schluchzend)
Das schuf ich mir Dummen
schön zu Dank!
(Er streicht sich den Rücken. Wotan und Loge lachen.)
Loge *(zu Wotan)*:
Gesteh, nicht leicht
gelingt der Fang.
Wotan:
Doch erliegt der Feind,
hilft deine List.
Mime *(betrachtet die Götter aufmerksamer)*:
Mit eurem Gefrage,
wer seid denn ihr Fremde?
Loge:
Freunde dir;
von ihrer Not
befrein wir der Niblungen Volk.
Mime *(schrickt zusammen, da er Alberich sich wieder nahen hört)*:
Nehmt euch in acht!
Alberich naht.

Mit Alberichs Auftreten beherrscht das Schmiede-(Nibelungen-) Motiv (Notenbeispiel 23) nun das Orchester, aber es ist vermischt mit der Reminiszenz an Alberichs Wehklage aus dem ersten Bild, und dieses wahrt Elemente aus dem »Rheingold!«-Ruf der Rheintöchter: Hinter diesen musikalischen Verknüpfungen steckt wie immer eine dichterisch-dramatische Absicht Wagners, über die es sich nachzusinnen lohnt. Es ist das neue Machtgefühl Alberichs, das die unangenehme Erinnerung an seine bittere Erfahrung mit den Nixen auszulöschen sucht.

DRITTE SZENE

(Er rennt vor Angst hin und her.)
Wotan *(ruhig sich auf einen Stein setzend):*
  Sein harren wir hier.
(Alberich, der den Tarnhelm vom Haupte genommen und an den Gürtel gehängt hat, treibt mit geschwungener Geißel aus der unteren, tiefer gelegenen Schlucht aufwärts eine Schar Nibelungen vor sich her: diese sind mit goldenem und silbernem Geschmeide beladen, das sie, unter Alberichs steter Nötigung, all auf einen Haufen speichern und so zu einem Horte häufen.)

Alberich:
  Hieher! Dorthin!
  Hehe! Hoho!
  Träges Heer,
  dort zu Hauf
  schichtet den Hort!
  Du da, hinauf!
  Willst du voran?
  Schmähliches Volk,
  ab das Geschmeide!
  Soll ich euch helfen?
  Alles hieher!
    (Er gewahrt plötzlich Wotan und Loge.)
  He, wer ist dort?
  Wer drang hier ein?
  Mime! Zu mir,
  schäbiger Schuft!
  Schwatztest du gar
  mit dem schweifenden Paar?
  Fort, du Fauler!
  Willst du gleich schmieden und schaffen?
*(Er treibt Mime mit Geißelhieben in den Haufen der Nibelungen
            hinein.)*
  He, an die Arbeit!
  Alle von hinnen!
  Hurtig hinab!
  Aus den neuen Schachten

Das Ring-Motiv (Notenbeispiele 6, 9) – in der geheimnisvoll klingenden Instrumentation von tiefer Trompete und Baßtrompete über Paukenwirbel – begleitet Alberichs drohende Geste, mit der er die Nibelungen zur Arbeit treibt:

(25)

Aber wieder folgt sein Seufzer- oder Wehe-Motiv unmittelbar darauf: Seine nunmehrige Macht ist noch nicht von der schmerzlichen Erinnerung frei.

Aus der Ferne klingen die Hämmer auf die Ambosse zum Schmiede-Motiv (Notenbeispiel 23).

schafft mir das Gold!
Euch grüßt die Geißel,
grabt ihr nicht rasch!
Daß keiner mir müßig,
bürge mir Mime,
sonst birgt er sich schwer
meiner Geißel Schwunge:
daß ich überall weile,
wo keiner mich wähnt,
das weiß er, dünkt mich, genau!
Zögert ihr noch?
Zaudert wohl gar?

(Er zieht seinen Ring vom Finger, küßt ihn und streckt ihn drohend aus.)

Zittre und zage,
gezähmtes Heer:
rasch gehorcht
des Ringes Herrn!
(Unter Geheul und Gekreisch stieben die Nibelungen, unter ihnen Mime, auseinander und schlüpfen in die Schachte hinab.)
Alberich (betrachtet lange und mißtrauisch Wotan und Loge):
  Was wollt ihr hier?
Wotan:
  Von Nibelheims nächt'gem Land
  vernahmen wir neue Mär:
  mächt'ge Wunder

Kurz zuckt Loges Motiv (Notenbeispiel 19) auf: Loge wird hier als Gott des Feuers eingeführt (in der Motiv-Variante, die später besonders im »Feuerzauber« der »Walküre« zu vollster Wirkung kommen wird); denn so kennt ihn Alberich. Aus Loges folgenden Worten wird das klar: Sie werden durch dieses Feuer-Motiv untermalt, das im Grunde nur eine Erweiterung oder Variation des Loge-Motivs darstellt.

wirke hier Alberich:
daran uns zu weiden,
trieb uns Gäste die Gier.
Alberich:
Nach Nibelheim
führt euch der Neid:
so kühne Gäste,
glaubt, kenn ich gut.
Loge:
Kennst du mich gut,
kindischer Alb?
Nun sag: wer bin ich,
daß du so bellst?
Im kalten Loch,
da kauernd du lagst,
wer gab dir Licht
und wärmende Lohe
wenn Loge nie dir gelacht?
Was hülf' dir dein Schmieden,
heizt' ich die Schmiede dir nicht?
Dir bin ich Vetter
und war dir Freund:
nicht fein drum dünkt mich dein Dank!
Alberich:
Den Lichtalben
lacht jetzt Loge,
der list'ge Schelm:
bist du Falscher ihr Freund,
wie mir Freund du einst warst,
haha! mich freut's!
Von ihnen fürcht ich dann nichts.
Loge:
So denk ich, kannst du mir traun?
Alberich:
Deiner Untreu trau ich,
nicht deiner Treu!
(Eine herausfordernde Stellung annehmend.)
Doch getrost trotz ich euch allen.

Zu Alberichs stolzen Worten, mit denen er seine Schätze zeigt, erklingt, weit ausgebreitet, ein Motiv, das früher schon andeutungsweise vorkam und im ganzen »Ring des Nibelungen« noch eine Bedeutung haben wird; man nennt es zumeist das Hort-Motiv:

(26)

Es ist eine auffallend »träge« Tonfolge in tiefer Lage – nimmt es Fafners, des späteren Horthüters schwerfällig tierische Gestalt vorweg? Bedeutet es, daß Goldbesitz träge macht, daß materieller Besitz die Lebendigkeit von Geist und Körper beeinträchtigt?

Loge:
> Hohen Mut
> verleiht deine Macht:
> grimmig groß
> wuchs dir die Kraft.

Alberich:
> Siehst du den Hort,
> den mein Heer
> dort mir gehäuft?

Loge:
> So neidlichen sah ich noch nie.

Alberich:

> Das ist für heut,
> ein kärglich Häufchen:
> kühn und mächtig
> soll er künftig sich mehren.

Wotan:
> Zu was doch frommt dir der Hort,
> da freudlos Nibelheim
> und nichts für Schätze hier feil?

Alberich:
> Schätze zu schaffen
> und Schätze zu bergen,
> nützt mir Nibelheims Nacht;

Das Ring-Motiv taucht bei Alberichs Machtgedanken auf (Notenbeispiele 6, 9).

Hier wird das Orchester für kurze Frist lyrisch, melodiös: Alberich träumt von der Liebe (das Motiv Freias oder der Liebe wird von einer Sologeige gespielt).
Aber es geht in einen gewalttätigen Ausdruck über: das Liebesverzichts-Motiv (Notenbeispiel 7) erinnert ihn an sein großes Entsagen: Ein gleiches Schicksal wünscht er nun allen.

Alberichs Phantasien versetzen ihn schon in den Besitz der Welt: Seine Kampfansage an die Götter wird von einem (dem zweiten) Teil des Walhall-Motivs begleitet.

Das Hort-Motiv (Notenbeispiel 26) nimmt wieder von Alberichs Gedanken Besitz: Er weiß, daß das Gold die Grundlage seiner künftigen Macht sein wird.

doch mit dem Hort,
in der Höhle gehäuft,
denk ich dann Wunder zu wirken:
die ganze Welt
gewinn ich mit ihm mir zu eigen.
Wotan:
Wie beginnst du, Gütiger, das?
Alberich:
Die in linder Lüfte Wehn
da oben ihr lebt,
lacht und liebt:
mit goldner Faust
euch Göttliche fang ich mir alle!
Wie ich der Liebe abgesagt,
alles, was lebt,
soll ihr entsagen!
Mit Golde gekirrt,
nach Gold nur sollt ihr noch gieren.
Auf wonnigen Höhn
in seligem Weben
wiegt ihr euch;
den Schwarzalben
verachtet ihr ewigen Schwelger!
Habt acht! Habt acht!
Denn dient ihr Männer
erst meiner Macht,
eure schmucken Frau'n –
die mein Frein verschmäht –
sie zwingt zur Lust sich der Zwerg,
lacht Liebe ihm nicht.
(Wild lachend.)
Hahahaha!
Habt ihr's gehört?[1]
Habt acht!
Habt acht vor dem nächtlichen Heer,
entsteigt des Niblungen Hort
aus stummer Tiefe zu Tag!

---

[1] TV: Dieser Vers lautet auch: »Hört ihr mich recht?«

ERLÄUTERUNGEN

Loges Worte, mit denen er schnell und schlau Wotans Wutausbruch überspielt, werden von einigen Motiven untermalt: seinem eigenen (Notenbeispiel 19 in verschiedenen Varianten)...

einem an »Walhall« anklingenden Motiv, mit dem er Alberichs künftiger Macht huldigt (man nennt es manchmal das Machtdünkel-Motiv)...

mit dem Ring-Motiv (Notenbeispiele 6, 9)...

mit dem Schmiede-Motiv (Notenbeispiel 23).

Das Tarnhelm-Motiv (Notenbeispiel 24) taucht aus dem geheimnisvoll gewordenen Orchester auf (geteilte Streicher im Pianissimo-Tremolo).

Wotan (auffahrend):
  Vergeh, frevelnder Gauch!
Alberich:
  Was sagt der?
Loge (dazwischentretend):
  Sei doch bei Sinnen!

  Wen doch faßte nicht Wunder,
  erfährt er Alberichs Werk?
  Gelingt deiner herrlichen List,
  was mit dem Horte du heischest,
  den Mächtigsten muß ich dich rühmen:
  denn Mond und Stern'
  und die strahlende Sonne,
  sie auch dürfen nicht anders,
  dienen müssen sie dir.
  Doch wichtig acht ich vor allem,
  daß des Hortes Häufer,
  der Niblungen Heer,
  neidlos dir geneigt.
  Einen Reif rührtest du kühn,
  dem zagte zitternd dein Volk:
  doch wenn im Schlaf
  ein Dieb dich beschlich',
  den Ring schlau dir entriss',
  wie wahrtest du, Weiser, dich dann?
Alberich:
  Der Listigste dünkt sich Loge;
  andre denkt er
  immer sich dumm:
  daß sein ich bedürfte
  zu Rat und Dienst
  um harten Dank,
  das hörte der Dieb jetzt gern!
  Den hehlenden Helm
  ersann ich mir selbst;
  der sorglichste Schmied,
  Mime, mußt' ihn mir schmieden:
  schnell mich zu wandeln

Das Motiv Loges (Notenbeispiel 19), durchsetzt von chromatisch aufwärts gerichteten Streicherläufen (die wohl Loges gut gespielte Neugier ausdrücken), begleitet seine komödiantischen Worte.

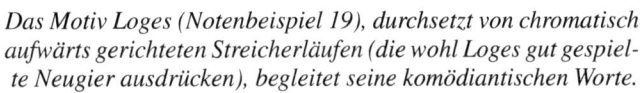

Sie erreichen ihr Ziel; übermütig will Alberich nun nichts, als den Gästen seine Macht zeigen.

Rasch vorüberziehend taucht das Schmiede-(Nibelungen-)Motiv auf.

Dann hat Alberich den Tarnhelm aufgesetzt. Dessen Motiv (Notenbeispiel 24) erklingt in dumpfer Tongebung (gestopfte Hörner), geheimnisvoll, furchterregend.
Zum Auftauchen der Riesenschlange blasen zwei Baßtuben und die Kontrabaßtuba »langsam und schleppend« ein schwerfälli-

nach meinem Wunsch,
die Gestalt mir zu tauschen,
taugt der Helm.
Niemand sieht mich,
wenn er mich sucht;
doch überall bin ich,
geborgen dem Blick.
So ohne Sorge
bin ich selbst sicher vor dir,
du fromm sorgender Freund!
Loge:
Vieles sah ich,
Seltsames fand ich:
doch solches Wunder
gewahrt' ich nie.
Dem Werk ohnegleichen
kann ich nicht glauben;
wäre dies eine möglich,
deine Macht währte dann ewig.
Alberich:
Meinst du, ich lüg
und prahle wie Loge?
Loge:
Bis ich's geprüft,
bezweifl' ich, Zwerg, dein Wort.
Alberich:
Vor Klugheit bläht sich
zum Platzen der Blöde!
Nun plage dich Neid!
Bestimm, in welcher Gestalt
soll ich jach vor dir stehn?
Loge:
In welcher du willst:
nur mach vor Staunen mich stumm!
Alberich (setzt den Helm auf):
»Riesen-Wurm winde sich ringelnd!«
        (Sogleich verschwindet er.

ges, kriechendes, abstoßendes Motiv – aus wenigen, tiefsten Noten bestehend:

(27)

Die unterschiedliche Reaktion der Götter ist mit erregten Orchesterphrasen unterstrichen.

Loges »Schrecken« wird noch weiter ausgemalt: Die dumpfen Kontrabässe verlängern gewissermaßen das Schlangen- oder Drachen-Motiv (Notenbeispiel 27), als geistere die Angst immer noch in Loges Herz. Und so kann er Alberich genau dorthin bringen, wo er ihn haben will.

Statt seiner windet sich eine ungeheure Riesenschlange am Boden; sie bäumt sich und sperrt den aufgerissenen Rachen auf Wotan und Loge zu.)

Loge (stellt sich von Furcht ergriffen):
 Ohe!
Wotan (lachend):
 Hahaha!
Loge:
 Ohe!
Wotan:
 Hahaha!
Loge:
 Schreckliche Schlange,
 verschlinge mich nicht!
Wotan:
 Gut, Alberich!
Loge:
 Schone Logen das Leben!
Wotan:
 Gut, du Arger!
 Wie wuchs so rasch
 zum riesigen Wurme der Zwerg!
(Die Schlange verschwindet; statt ihrer erscheint sogleich Alberich wieder in seiner wirklichen Gestalt.)

Wieder die gestopften (oder gedämpften) Hörner mit dem Tarnhelm-Motiv (Notenbeispiel 24): Alberich verwandelt sich.

Und dann deutet ein dreitöniges Thema des Englischhorns mit kurzen Klarinetteneinwürfen an, daß irgendwo ein winziges Tier krieche:

(28)

Alberich:
   Hehe! Ihr Klugen,
   glaubt ihr mir nun?
Loge (mit zitternder Stimme):
   Mein Zittern mag dir's bezeugen.
   Zur großen Schlange
   schufst du dich schnell:
   weil ich's gewahrt,
   willig glaub ich dem Wunder.
   Doch, wie du wuchsest,
   kannst du auch winzig
   und klein dich schaffen?
   Das Klügste schien' mir das,
   Gefahren schlau zu entfliehn:
   das aber dünkt mich zu schwer!
Alberich:
   Zu schwer dir,
   weil du zu dumm!
   Wie klein soll ich sein?
Loge:
   Daß die feinste Klinze dich fasse,
   wo bang die Kröte sich birgt.
Alberich:
   Pah! Nichts leichter!
   Luge du her!
              (Er setzt den Helm auf.)

»Krumm und grau
krieche Kröte.«
              (Er verschwindet:

die Götter gewahren im Gestein eine Kröte auf sich zukriechen.)

ERLÄUTERUNGEN

Rasch belebt das Orchester sich; aus der unheimlichen Stimmung von Alberichs Verwandlungen wird der Realismus der Gefangennahme, die schnelle Bindung Alberichs und seine Entführung durch die Götter.

Während nun die Szene sich in umgekehrter Richtung wandelt, also der schnelle Aufstieg der Götter zur Erdoberfläche ausgemalt wird, ist dem Orchester abermals ein bedeutendes Zwischenspiel gegeben. Es ist fast eine sinfonische Dichtung, zu der eine Fülle bisher verwendeter Motive das Material liefert: Loge-Motiv, Ring-Motiv, das Schmiede-Motiv der Nibelungen – während die Götter nun in entgegengesetzter Richtung an den Werkstätten vorbeikommen, in denen die Zwerge schmieden –, das Motiv der Riesen, mit Teilen des Walhall-Motivs vermengt, u. v. a. Je näher die Götter mit ihrem Gefangenen der Erdoberfläche kommen, desto wilder wird Alberichs Schmerz, sein Klage-Motiv beherrscht das Orchester zuletzt völlig, immer wieder von jenem Loges übertönt und gewissermaßen zum Schweigen gebracht: Es besteht kein Zweifel daran, wer der Sieger ist.

DRITTE SZENE

Loge (zu Wotan):
> Dort die Kröte,
> greife sie rasch!

(Wotan setzt seinen Fuß auf die Kröte, Loge fährt ihr nach dem Kopfe und hält den Tarnhelm in der Hand.)
(Alberich ist plötzlich in seiner wirklichen Gestalt sichtbar geworden, wie er sich unter Wotans Fuße windet.)

Alberich:
> Ohe! Verflucht!
> Ich bin gefangen!

Loge:
> Halt ihn fest,
> bis ich ihn band.
> *(Loge bindet ihm mit einem Bastseile Hände und Füße.)*

Loge:
> Nun schnell hinauf:
> dort ist er unser.

(Den Geknebelten, der sich wütend zu wehren sucht, fassen beide und schleppen ihn mit sich nach der Kluft, aus der sie herabkamen. Dort verschwinden sie, aufwärts steigend.)
(Die Szene verwandelt sich, nur in umgekehrter Weise wie zuvor.)

(Die Verwandlung führt wieder an den Schmieden vorbei.)

(Fortdauernde Verwandlung nach oben.)

Zum Unterschied von dem gewaltigen Klangaufwand des sinfonischen Zwischenspiels nimmt Wagner nun das Orchester auf kurze begleitende Harmonien in den Streichern zurück, vor allem, um jedes Wort des nun folgenden Dialogs deutlich vernehmbar zu machen.

VIERTE SZENE
Freie Gegend auf Bergeshöhen
(Die Aussicht ist noch in fahle Nebel verhüllt wie am Schluß der zweiten Szene.)
(Wotan und Loge, den gebundenen Alberich mit sich führend, steigen aus der Kluft herauf.)

Loge:
  Da, Vetter,
  sitze du fest!
  Luge, Liebster,
  dort liegt die Welt,
  die du Lungrer gewinnen dir willst:
  welch Stellchen, sag,
  bestimmst du drin mir zum Stall?
            (Er schlägt tanzend ihm Schnippchen.)
Alberich:
  Schändlicher Schächer!
  Du Schalk! Du Schelm!
  Löse den Bast,
  binde mich los,
  den Frevel sonst büßest du Frecher!
Wotan:
  Gefangen bist du,
  fest mir gefesselt,
  wie du die Welt,
  was lebt und webt,
  in deiner Gewalt schon wähntest,
  in Banden liegst du vor mir.
  Du Banger kannst es nicht leugnen!
  Zu ledigen dich,
  bedarf's nun der Lösung.
Alberich:
  Oh, ich Tropf,
  ich träumender Tor!
  Wie dumm traut' ich
  dem diebischen Trug!
  Furchtbare Rache
  räche den Fehl!

Zu einer klaren Motivbildung kommt es erst hier wieder: Alberich hofft, das Gold, das die Götter ihm nun nehmen werden, mit Hilfe des Ringes bald wiedererlangen oder ersetzen zu können: das Ring-Motiv (Notenbeispiele 6, 9) geistert durch seine Gedanken.

Das gleiche Ring-Motiv nimmt nun noch deutlichere Gestalt an (von Englischhorn, Klarinette und Trompete geblasen), als Alberich mit Hilfe des Ringes den fernen Nibelungen einen Befehl erteilt.
Sein Schmerz- oder Wehe-Motiv löst es sofort ab, dann werden die Töne des Schmiede-Motivs hörbar...

Loge:
>Soll Rache dir frommen,
>vor allem rate dich frei:
>dem gebundnen Manne
>büßt kein Freier den Frevel.
>Drum, sinnst du auf Rache,
>rasch ohne Säumen
>sorg um die Lösung zunächst!

(Er zeigt ihm, mit den Fingern schnalzend, die Art der Lösung an.)

Alberich:
>So heischt, was ihr begehrt!

Wotan:
>Den Hort und dein helles Gold.

Alberich:
>Gieriges Gaunergezücht!
>>*(Für sich.)*
>Doch behalt ich mir nur den Ring,
>des Hortes entrat ich dann leicht:
>denn von neuem gewonnen
>und wonnig genährt
>ist er bald durch des Ringes Gebot.
>Eine Witzigung wär's,
>die weise mich macht:
>zu teuer nicht zahl ich die Zucht,
>laß für die Lehre ich den Tand.

Wotan:
>Erlegst du den Hort?

Alberich:
>Löst mir die Hand,
>so ruf ich ihn her.

(Loge löst ihm die Schlinge an der rechten Hand. Alberich berührt den Ring mit den Lippen und murmelt heimlich einen Befehl.)

>Wohlan, die Niblungen
>rief ich mir nah:

zu denen in tiefster Lage das Hort-Motiv (Notenbeispiel 26) ertönt.

Ein immer wiederholter klagender Seufzer des Englischhorns deutet den Schmerz Alberichs an.

Zu Alberichs Verlangen nach dem Tarnhelm deutet das Orchester dessen Motiv (Notenbeispiel 24) nur an, als wüßte der Zwerg bereits, daß Loge den errungenen Helm nie mehr hergeben würde.

Ihrem Herrn gehorchend
hör ich den Hort
aus der Tiefe sie führen zu Tag.
Nun löst mich vom lästigen Band!
Wotan:
Nicht eh'r, bis alles gezahlt.
(Die Nibelungen steigen aus der Kluft herauf, mit den Geschmeiden des Hortes beladen. Während des Folgenden schichten sie den Hort auf.)
Alberich:
O schändliche Schmach,
daß die scheuen Knechte
geknebelt selbst mich erschaun!
(Zu den Nibelungen.)
Dorthin geführt,
wie ich's befehl!
All zu Hauf
schichtet den Hort!
Helf ich euch Lahmen?
Hierher nicht gelugt!
Rasch da, rasch!
Dann rührt euch von hinnen:
daß ihr mir schafft!
Fort in die Schachten!
Weh euch, treff[1] ich euch faul!
Auf den Fersen folg ich euch nach.
(Er küßt seinen Ring und streckt ihn gebieterisch aus. Wie von einem Schlage getroffen, drängen sich die Nibelungen scheu und ängstlich der Kluft zu, in der sie schnell hinabschlüpfen.)
Alberich:
Gezahlt hab ich:
nun laß mich ziehn!
Und das Helmgeschmeid,
das Loge dort hält,
das gebt mir nun gütlich zurück!
Loge (den Tarnhelm auf den Horte werfend):
Zur Buße gehört auch die Beute.

---

[1] TV: Für »treff« steht auch »find«.

Es wird sofort durch das Ring-Motiv (Notenbeispiele 6, 9) ersetzt: Mit des Ringes Hilfe gedenkt Alberich, alles Verlorene wieder zurückerobern zu können.

Da verlangt Wotan den Ring.

Entsetzt schreit Alberich auf. Ein Fortissimo-Schlag der Streicher unterstreicht den namenlosen Schrecken, der ihn durchzuckt. Wagner instrumentiert diesen Schlag im »pizzicato«, also gezupft, hart angerissen: Bedeutet das vielleicht schon die Vorahnung, daß Wotan ihm den Ring nun vom Finger reißen wird?

Alberichs ständig wachsende Erregung und Verzweiflung drückt sich hier auf mehrere Arten aus: in den vielen grellen Spitzentönen seiner Stimme und in den Fortepiano-Schlägen des Orchesters (lautes Anspielen eines Tons mit sofortigem Rückgang ins Pianissimo).

Alberich:
   Verfluchter Dieb!
   (für sich) Doch nur Geduld!
   Der den alten mir schuf,
   schafft einen andern:
   noch halt ich die Macht,
   der Mime gehorcht.
   Schlimm zwar ist's,
   dem schlauen Feind
   zu lassen die listige Wehr!
   Nun denn! Alberich
   ließ euch alles:
   jetzt löst, ihr Bösen, das Band!
Loge:
   Bist du befriedigt?
   Lass'[1] ich ihn frei?
Wotan:
   Ein goldner Ring
   ragt dir am Finger:
   hörst du, Alb?
   Der, acht ich, gehört mit zum Hort.
Alberich (entsetzt):
   Der Ring?

Wotan:
   Zu deiner Lösung
   mußt du ihn lassen.
Alberich (bebend):
   Das Leben – doch nicht den Ring!
Wotan (heftiger):
   Den Reif verlang ich:
   mit dem Leben mach, was du willst!
Alberich:
   Lös ich mir Leib und Leben,
   den Ring auch muß ich mir lösen:

---

[1] TV: Anstelle von »Lass'« steht »Bind«.

Dann wird die Orchesterbegleitung dichter, Motive durchziehen sie:
der Schmerz Alberichs...

das Motiv der Rheintöchter...

Hand und Haupt,
Aug und Ohr,
sind nicht mehr mein Eigen
als hier dieser rote Ring!
Wotan:
Dein Eigen nennst du den Ring?
Rasest du, schamloser Albe?
Nüchtern sag,
wem entnahmst du das Gold,
daraus du den schimmernden schufst?
War's dein Eigen,
was du Arger
der Wassertiefe entwandt?
Bei des Rheines Töchtern
hole dir Rat,
ob ihr Gold sie
zu eigen dir gaben,
das du zum Ring dir geraubt.
Alberich:
Schmähliche Tücke,
schändlicher Trug!
Wirfst du Schächer
die Schuld mir vor,
die dir so wonnig erwünscht?
Wie gern raubtest
du selbst dem Rheine das Gold,
war nur so leicht
die Kunst, es zu schmieden, erlangt?
Wie glückt' es nun
dir Gleißner zum Heil,
daß der Niblung ich
aus schmählicher Not,
in des Zornes Zwange,
den schrecklichen Zauber gewann,
des Werk nun lustig dir lacht?
Des Unseligen,
Angstversehrten
fluchfertige,
furchtbare Tat,

das Ring-Motiv in gewaltigem Ausbruch: als Warnung an Wotan vor dem geplanten Raub.

Wotan entreißt Alberich den Ring: Zuerst scheint das Orchester (tiefste Streicher) ihn mit dem Motiv der Verträge oder Vertragstreue (Notenbeispiel 11) vor der Tat zurückhalten zu wollen, dann aber stürmen die gleichen Instrumente aufwärts, Holzbläser und Hörner schmettern das (verzerrte) Gold-Motiv (Notenbeispiel 4), ein tosender Schlag des gesamten Orchesters – und Wotan hält triumphierend den Ring in der Hand. Mit einem klagenden Holzbläsermotiv über einem langen, dumpfen, sehr tiefen Paukenwirbel setzt Alberichs größte, schmerzlichste, erschütterndste, aber auch furchtbarste Szene ein:

(Fortsetzung des Notenbeispiels S. 142)

zu fürstlichem Tand
soll sie fröhlich dir taugen,
zur Freude dir frommen mein Fluch?
Hüte dich,
herrischer Gott!
Frevelte ich,
so frevelt' ich frei an mir:
doch an allem, was war,
ist und wird,
frevelst, Ewiger, du,
entreißest du frech mir den Ring!

Wotan:
Her den Ring!
Kein Recht an ihm
schwörst du schwatzend dir zu.
(Er ergreift Alberich und entzieht seinem Finger mit heftiger Gewalt den Ring.)

Alberich (gräßlich aufschreiend):
Ha! Zertrümmert! Zerknickt!
Der Traurigen traurigster Knecht!

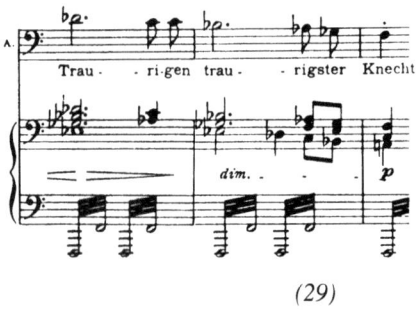

(29)

(Interessant erscheint, daß Alberichs Worte »Der Traurigen traurigster Knecht« auf die Tonfolge gesungen werden, die vorher von »Weibes Wonne und Wert« sprach – das regt zu vielerlei Gedanken an.)

Zu schnellen Streicherfiguren befreit Loge den Gefangenen.

Bedeutungsvoll treten 4 Hörner hinzu, ein neues Motiv entsteht:

(30)

Wotan (den Ring betrachtend):
 Nun halt ich, was mich erhebt,
 der Mächtigen mächtigsten Herrn!
  (Er steckt den Ring an.)
Loge (zu Wotan):
 Ist er gelöst?
Wotan:
 Bind ihn los!
Loge (löst Alberich vollends die Bande):
 Schlüpfe denn heim!
 Keine Schlinge hält dich:
 frei fahre dahin!
Alberich (sich erhebend):
 Bin ich nun frei?

Man hat dieses Motiv manchmal als »Nibelungen-Haß-Motiv« bezeichnet, manchmal als »Alberichs besessener Wille«, auch als »Rachegedanke Alberichs«: Alles das ist es, der Name tut nichts Wesentliches zur Sache.

Das Motiv beherrscht nun auf eine lange Strecke, immer gemischt mit dem Ring-Motiv, das Geschehen.

Wie aus der zweiten Hälfte des Ring-Motivs durch gesteigerten Ausbau das Haß- oder Fluch-Motiv wird (das von nun an untrennbar mit dem Ring verbunden sein wird), zeigt diese Stelle in Alberichs großem Monolog:

(31)

Ein gewaltiges Stück Musik, das Wagners höchste dramatische Meisterschaft zeigt. Hier wird Alberich zu einer bedeutenden Gestalt, der an Stimme und Ausdruck Höchstes abverlangt wird.

(Wütend lachend)
Wirklich frei?
So grüß' euch denn
meiner Freiheit erster Gruß!

Wie durch Fluch er mir geriet,
verflucht sei dieser Ring!
Gab sein Gold
mir Macht ohne Maß,
nun zeug' sein Zauber
Tod dem, der ihn trägt!
Kein Froher soll
seiner sich freun;
keinem Glücklichen lache
sein lichter Glanz!
Wer ihn besitzt,
den sehre die Sorge,
und wer ihn nicht hat,
den nage der Neid!
Jeder giere
nach seinem Gut,
doch keiner genieße
mit Nutzen sein!
Ohne Wucher hüt' ihn sein Herr,
doch den Würger zieh' er ihm zu!
Dem Tode verfallen,
feßle den Feigen die Furcht;
solang er lebt,
sterb' er lechzend dahin,
des Ringes Herr

Stärkste Erregung des Orchesters begleitet Alberichs Abgang. Sein Seufzer-Motiv verklingt fernhin, stumm stehen die Götter, in Gedanken vertieft.
Nach Loges ironischer Frage und Wotans – zu einer Andeutung des Ring-Motivs gesungenen – Antwort wird wie aus der Ferne der Rhythmus des Riesen-Motivs hörbar: Die Pauke schlägt es leise.

Dann bildet sich, ebenfalls sehr leise angedeutet, Freias Motiv der goldenen Äpfel (Notenbeispiel 18) heraus, wird stärker und beherrscht die Szene des Wiedersehens der Götter.

Zu Frickas besorgten Worten an Wotan erklingt – eigentlich überraschend, aber bei tieferem Nachdenken erklärlich – Alberichs Haß-Motiv (Notenbeispiel 30).

als des Ringes Knecht:
bis in meiner Hand
den geraubten wieder ich halte!
So segnet
in höchster Not
der Nibelung seinen Ring!
Behalt ihn nun,
     (lachend)
hüte ihn wohl,
     (grimmig)
meinem Fluch fliehest du nicht.
(Er verschwindet schnell in der Kluft. Der dichte Nebelduft des Vordergrundes klärt sich allmählich auf.)

Loge:
Lauschtest du
seinem Liebesgruß?
Wotan (in den Anblick des Ringes an seiner Hand versunken):
Gönn ihm die geifernde Lust!
    (Es wird immer heller.)

Loge (nach rechts in die Szene blickend):
Fasolt und Fafner nahen von fern;
Freia führen sie her.
(Aus dem sich immer mehr zerteilenden Nebel erscheinen Donner, Froh und Fricka und eilen dem Vordergrunde zu.)
Froh:
Sie kehrten zurück.
Donner:
Willkommen, Bruder!
Fricka (besorgt zu Wotan):
Bringst du gute Kunde?
Loge (auf den Hort deutend):
Mit List und Gewalt gelang das Werk:
dort liegt, was Freia löst.

Mit Freias Rückkehr hellt sich nicht nur die Landschaft sichtbar auf, auch die Götter gewinnen ihr froheres, jugendlicheres Aussehen wieder, die Musik unterstreicht diesen Wandel, bringt melodisch sinnlichere Violinmelodien, Harfenklänge, sanfte Bläserakkorde.

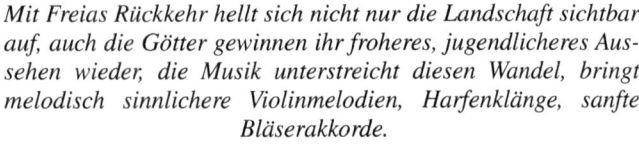

Das Riesen-Motiv (Notenbeispiel 16) unterstreicht Fasolts Erzählung…

es geht dann in das Motiv der Verträge (Notenbeispiel 11) über, als er auf den geschlossenen Pakt eingeht. Wotan übernimmt das Motiv und weist auf den Schatz, den goldenen Hort, der im Hintergrund zur Lösung Freias aufgeschichtet liegt.

Donner:
>Aus der Riesen Haft
>naht dort die Holde.

Froh:
>Wie liebliche Luft
>wieder uns weht,
>wonnig Gefühl
>die Sinne erfüllt!
>Traurig ging es uns allen,
>getrennt für immer von ihr,
>die leidlos ewiger Jugend
>jubelnde Lust uns verleiht.

(Der Vordergrund ist wieder ganz hell geworden; das Aussehen der Götter gewinnt durch das Licht wieder die erste Frische: über dem Hintergrunde haftet jedoch noch der Nebelschleier, so daß die ferne Burg unsichtbar bleibt. Fasolt und Fafner treten auf, Freia zwischen sich führend.)

Fricka (eilt freudig auf die Schwester zu):
>Lieblichste Schwester,
>süßeste Lust!
>Bist du mir wieder gewonnen?

Fasolt (ihr wehrend):
>Halt! Nicht sie berührt!
>Noch gehört sie uns.
>Auf Riesenheims
>ragender Mark
>rasteten wir:
>mit treuem Mut
>des Vertrages Pfand
>pflegten wir.
>So sehr mich's reut,
>zurück doch bring ich's,
>erlegt uns Brüdern
>die Lösung ihr.

Wotan:
>Bereit liegt die Lösung:

Andeutungen von Freias (Liebes-)Motiv tauchen auf, als Fasolt schweren Herzens seinen Vorschlag macht.

Freias Liebesmelodie (Notenbeispiel 17), von der Flöte geblasen, geht im Riesen-Motiv (Notenbeispiel 16) unter:

Loge und Froh beginnen, das Gold um Freia aufzuhäufen.

Dazu erklingt in verschlungenem Miteinander eine Variante des Vertragsmotivs (Notenbeispiel 11) und das Schmiede-Motiv der Nibelungen (Notenbeispiel 23)

des Goldes Maß
sei nun gütlich gemessen.
Fasolt:
Das Weib zu missen,
wisse, gemutet mich weh:
soll aus dem Sinn sie mir schwinden,
des Geschmeides Hort
häufet denn so,
daß meinem Blick
die Blühende ganz er verdeck'!
Wotan:
So stellt das Maß
nach Freias Gestalt.
(Freia wird von den beiden Riesen in die Mitte gestellt. Darauf stoßen sie ihre Pfähle zu Freias beiden Seiten so in den Boden, daß sie gleiche Höhe und Breite mit ihrer Gestalt messen.)
Fafner:
Gepflanzt sind die Pfähle
nach Pfandes Maß:
gehäuft nun füll es der Hort.
Wotan:
Eilt mit dem Werk:
widerlich ist mir's!
Loge:
Hilf mir, Froh!
Froh:
Freias Schmach
eil ich zu enden.
(Loge und Froh häufen hastig zwischen den Pfählen das Geschmeide.)
Fafner:
Nicht so leicht
und locker gefügt!
(Er drückt mit roher Kraft die Geschmeide dicht zusammen.)
Fest und dicht
füll er das Maß!
(Er beugt sich, um nach Lücken zu spähen.)
Hier lug ich noch durch:
verstopft mir die Lücken!

Freias Motiv (Notenbeispiel 17) ertönt, wie sehnsuchtsvoll, in der Oboe.

Riesen- und Nibelungen-Motive verschlingen sich bedeutungsvoll: Es kündigt wohl den Besitzerwechsel des Geldes von den Zwergen zu den Riesen an. Donners Wutausbruch wird von erregten Streicherläufen untermalt.

Mit dem Vertrags-Motiv (Notenbeispiel 11) greift Wotan beschwichtigend ein.

Das verklingende Nibelungen-Motiv weicht dem Freia-Motiv der goldenen Äpfel (oder der ewigen Jugend): Fafner entdeckt noch einen Schimmer von Freias blondem Haar durch die Ritzen der Goldklumpen.

Loge:
　Zurück, du Grober!
Fafner:
　Hierher!
Loge:
　Greif mir nichts an!
Fafner:
　Hierher! Die Klinze verklemmt!
Wotan (unmutig sich abwendend):
　Tief in die Brust brennt mir die Schmach.
Fricka:
　Sieh, wie in Scham
　schmählich die Edle steht:
　um Erlösung fleht
　stumm der leidende Blick.
　Böser Mann!
　Der Minnigen botest du das!
Fafner:
　Noch mehr! Noch mehr hieher!
Donner:
　Kaum halt ich mich:
　schäumende Wut
　weckt mir der schamlose Wicht!
　Hieher, du Hund!
　Willst du messen,
　so miß dich selber mit mir!
Fafner:
　Ruhig, Donner!
　Rolle, wo's taugt:
　hier nützt dein Rasseln dir nichts!
Donner (ausholend):
　Nicht dich Schmähl'chen zu zerschmettern?
Wotan:
　Friede doch!
　Schon dünkt mich Freia verdeckt.
Loge:
　Der Hort ging auf.
(Fafner mißt den Hort genau mit dem Blick und späht nach Lücken.)

Als Wotan Loge veranlaßt, auch den Tarnhelm zur Rettung Freias zu opfern, erklingt das Tarnhelm-Motiv (Notenbeispiel 24).

Fasolt erblickt Freias Auge: Ihr Motiv (Notenbeispiel 17), von der Oboe geblasen, erklingt wie ein letzter Liebesgruß.

In härterem Rhythmus mahnt Fafner; man hört noch Reste des Schmiede-(Nibelungen-)Motivs.

Der rasche folgende Dialog wickelt sich zu knappen Akkorden und Orchestereinwürfen ab, um sehr deutlich zu bleiben.

Fafner:
   Noch schimmert mir Holdas Haar:
   dort das Gewirk
   wirf auf den Hort!
Loge:
   Wie, auch den Helm?
Fafner:
   Hurtig her mit ihm!
Wotan:
   Laß ihn denn fahren!
Loge (wirft den Tarnhelm auf den Hort):
   So sind wir denn fertig.
   Seid ihr zufrieden?
Fasolt:
   Freia, die schöne,
   schau ich nicht mehr:
   so ist sie gelöst?
   Muß ich sie lassen?
      (Er tritt nahe hinzu und späht durch den Hort.)
   Weh! Noch blitzt
   ihr Blick zu mir her;
   des Auges Stern
   strahlt mich noch an:
   durch eine Spalte
   muß ich's erspähn!
      (Außer sich.)
   Seh ich dies wonnige Auge,
   von dem Weibe laß ich nicht ab.
Fafner:
   He! Euch rat ich,
   verstopft mir die Ritze!
Loge:
   Nimmersatte!
   Seht ihr denn nicht,
   ganz schwand uns der Hort?
Fafner:
   Mitnichten, Freund!
   An Wotans Finger

Gerade wie früher Alberich, so fährt nun Wotan entsetzt auf, als man den Ring von ihm verlangt, und wieder – genau wie vorher – unterstreicht ein schneidendes Pizzicato-Fortissimo der Streicher seinen Schrecken.
Loge lenkt das Gespräch sofort in andere Bahnen: Das »Rheingold«-Motiv der Rheintöchter (Notenbeispiel 5) unterstreicht seine (absurde) Forderung, den Ring den Nixen zurück in den Rhein zu werfen.

Die Hörner unterstreichen mit dem Rheingold-Motiv (Notenbeispiel 4) Wotans Entschluß, den Ring für sich zu behalten.

Das Orchester malt die steigende Aufregung: Schon packen die Riesen Freia von neuem...

die Götter dringen in Wotan, um ihn zum Verzicht zu bewegen.

glänzt von Gold noch ein Ring,
den gebt, die Ritze zu füllen!
Wotan:
   Wie? Diesen Ring?

Loge:
   Laßt euch raten!
   Den Rheintöchtern
   gehört dies Gold:
   ihnen gibt Wotan es wieder.
Wotan:
   Was schwatzest du da?
   Was schwer ich mir erbeutet,
   ohne Bangen wahr ich's für mich.
Loge:
   Schlimm dann steht's
   um mein Versprechen,
   das ich den Klagenden gab.
Wotan:
   Dein Versprechen bindet mich nicht:
   als Beute bleibt mir der Reif.
Fafner:
   Doch hier zur Lösung
   mußt du ihn legen.
Wotan:
   Fordert frech, was ihr wollt:
   alles gewähr ich,
   um alle Welt
   doch nicht fahren laß ich den Ring!
Fasolt (zieht wütend Freia hinter dem Horte hervor):
   Aus dann ist's,
   beim Alten bleibt's:
   nun folgt uns Freia für immer!
Freia:
   Hilfe! Hilfe!
Fricka:
   Harter Gott,
   gib ihnen nach!

Aber Wotan bleibt hart.

Das Orchester stürzt in Fortissimo-Akkorden und Streichersynkopen zu einem gewaltigen Posaunenton ab, die Bühne verfinstert sich merklich. Ein neues musikalisches Motiv:

(32)

Eine geheimnisvolle Gestalt steigt aus den Felsen: Erda. Die Instrumentation unterstreicht den mystischen Charakter dieser »Urmutter« oder »Urweisen«: Fagotte in tiefer Lage, Tuben, Baßtuba über dem lange liegenden Posaunenklang. Das Erda-Motiv (Notenbeispiel 32) beherrscht weite Teile der Szene. Aber auch das Rhein-Motiv (Notenbeispiel 2) – Motiv der Urnatur, der unberührten Natur – erklingt, und die Verwandtschaft beider Motive wird sehr klar: Das Erda-Motiv ist, musikalisch gesprochen, das Natur-Motiv nach Moll gewendet. Das ist natürlich beabsichtigt und bis ins letzte durchdacht, wie die gesamte Motiv-Technik Wagners. Noch ein weiteres Motiv ist diesen beiden verwandt – wir werden ihm gleich begegnen.

VIERTE SZENE

Froh:
 Spare das Gold nicht!
Donner:
 Spende den Ring doch!
(Fafner hält den fortdrängenden Fasolt noch auf; alle stehen bestürzt.)
Wotan:
 Laßt mich in Ruh!
 Den Reif geb ich nicht.
(Wotan wendet sich zürnend zur Seite. Die Bühne hat sich von neuem verfinstert;

aus der Felskluft zur Seite bricht ein bläulicher Schein hervor: in ihm wird plötzlich Erda sichtbar, die bis zu halber Leibeshöhe aus der Tiefe aufsteigt; sie ist von edler Gestalt, weithin von schwarzem Haar umwallt.)

Erda (die Hand mahnend gegen Wotan ausstreckend):
 Weiche, Wotan, weiche!
 Flieh des Ringes Fluch!
 Rettungslos

Vorher aber schiebt Motiv (Notenbeispiel 30) sich in den Vordergrund: sieht die »Wala« Erda die Gefahr für Wotan in Alberichs Rache oder Haß? Denn Notenbeispiel 30 ist das Nibelungen-Haßmotiv, ist Alberichs Sinnen nach Rache.
Es wird hier wieder von Erdas Motiv (Notenbeispiel 32 abgelöst, aber dieses geht fugenlos in eine neue Tonfolge über:

(Fortsetzung des Notenbeispiels S. 162)

dunklem Verderben
weiht dich sein Gewinn.
Wotan:
Wer bist du, mahnendes Weib?
Erda:
Wie alles war, weiß ich;
wie alles wird,
wie alles sein wird,
seh ich auch:
der ew'gen Welt
Ur-Wala,
Erda mahnt deinen Mut.
Drei der Töchter,
ur-erschaffne,
gebar mein Schoß:
was ich sehe,
sagen dir nächtlich die Nornen.
Doch höchste Gefahr
führt mich heut
selbst zu dir her:

Höre! Höre! Höre!

Alles, was ist, endet.
Ein düstrer Tag

(33)

Das neue Motiv (vom vierten Takt dieses Beispiels angefangen) symbolisiert den Untergang der Götter, die Götterdämmerung. Es ist die genaue Umkehrung des Erda-Motivs, also mit Notenbeispiel 32 und damit auch Notenbeispiel 2 aufs engste verwandt. Erda, die »Natur«, die »Urmutter« alles Geschaffenen, die Göttin der Erde und der Urweisheit, sagt Wotan sein Ende voraus...

Mit dem Ring-Motiv (Notenbeispiele 6, 9) versinkt Erda wieder: Sie hat den Gott vor dem Besitz des Ringes gewarnt.

Noch mehrmals erklingt das Erda-Motiv bis zu seinem völligen Verlöschen.

dämmert den Göttern:

dir rat ich, meide den Ring!
(Sie versinkt langsam bis an die Brust, während der bläuliche Schein zu dunkeln beginnt.)
Wotan:
  Geheimnis-hehr
  hallt mir dein Wort:
  weile, daß mehr ich wisse!
Erda (im Versinken):
  Ich warnte dich –
  du weißt genug:
  sinn in Sorg und Furcht!
            (Sie verschwindet gänzlich.)
Wotan:
  Soll ich sorgen und fürchten –
  dich muß ich fassen,
  alles erfahren!
(Er will der Verschwindenden in die Kluft nach, um sie zu halten. Froh und Fricka werfen sich ihm entgegen und halten ihn zurück.)

Die Götter suchen die Riesen zu beschwichtigen.

Noch einmal zu Erdas Motiv (zum weichen wie erdfernen Klang der Wagner-Tuben) ist Wotan in tiefes Nachdenken versunken. Dann ein Trompetensignal und ein energischer Posauneneinsatz mit dem Vertrags-Motiv (Notenbeispiel 11): Wotan hat den schweren Entschluß gefaßt.

Das Orchester und Wotans Stimme breiten das Motiv von »Weibes Wonne und Wert« strahlend aus: Wotan wirft den Ring zum Hort.
Freia stürzt sich befreit in die Arme der Brüder und der Schwester. In dem Zwischenspiel, das diese Szene vollklingend begleitet, leuchtet Freias Motiv in großem Glanz.

Es ist das Orchester, das mit dem Riesen- und dem Nibelungen-Motiv – beide in Andeutungen – die Aufmerksamkeit zurück auf die Riesen lenkt, die sich in den Goldschatz der Nibelungen teilen. Wechselnde Instrumentalfiguren unterstreichen den ausbrechenden Streit.

Fricka:
   Was willst du, Wütender?
Froh:
   Halt ein, Wotan!
   Scheue die Edle,
   achte ihr Wort!
       (Wotan starrt sinnend vor sich hin.)
Donner (sich entschlossen zu den Riesen wendend):
   Hört, ihr Riesen!
   Zurück und harret:
   das Gold wird euch gegeben.
Freia:
   Darf ich es hoffen?
   Dünkt euch Holda
   wirklich der Lösung wert?
(Alle blicken gespannt auf Wotan; dieser, nach tiefem Sinnen zu sich kommend, erfaßt seinen Speer und schwenkt ihn wie zum Zeichen eines mutigen Entschlusses.)
Wotan:
   Zu mir, Freia!
   Du bist befreit.
   Wiedergekauft
   kehr uns die Jugend zurück!
   Ihr Riesen, nehmt euren Ring!
       (Er wirft den Ring auf den Hort.)
(Die Riesen lassen Freia los; sie eilt freudig auf die Götter zu, die sie abwechselnd längere Zeit in höchster Freude liebkosen.)

(Fafner hat sogleich einen ungeheuren Sack ausgebreitet und macht sich über den Hort her, um ihn da hineinzuschichten.)
Fasolt (zu Fafner):
   Halt, du Gieriger!
   Gönne mir auch was!
   Redliche Teilung
   taugt uns beiden.
Fafner:
   Mehr an der Maid als am Gold
   lag dir verliebtem Geck:
   mit Müh zum Tausch

Loge rät Fasolt, den Ring für sich zu beanspruchen. Dazu spielt das Orchester aber nicht das Ring-Motiv, sondern das Nibelungen-Haßmotiv! Rät er also bewußt zur Gefahr? Will er Alberichs Rache auf die Riesen lenken?
Wieder kommt es, wie Loge es in seiner List plant: Um den Ring entbrennt die Wut der Riesen. Das immer hastiger verzerrte Ring-Motiv führt zum Fortissimo-Ausbruch des gesamten Orchesters;

unter dessen wuchtigen Schlägen tötet Fafner den Bruder:

(34)

vermocht' ich dich Toren.
Ohne zu teilen,
hättest du Freia gefreit:
teil ich den Hort,
billig behalt ich
die größte Hälfte für mich.
Fasolt:
Schändlicher du!
Mir diesen Schimpf?
               (Zu den Göttern.)
Euch ruf ich zu Richtern:
teilet nach Recht
uns redlich den Hort!
       (Wotan wendet sich verächtlich ab.)
Loge:
Den Hort laß ihn raffen:
halte du nur auf den Ring!

Fasolt (stürzt sich auf Fafner, der immerzu eingesackt hat):
Zurück, du Frecher!
Mein ist der Ring;
mir blieb er für Freias Blick.
    (Er greift hastig nach dem Reif. Sie ringen.)
Fafner:
Fort mit der Faust!
Der Ring ist mein!
           (Fasolt entreißt Fafner den Ring.)
Fasolt:
Ich halt ihn, mir gehört er!
Fafner (mit seinem Pfahle ausholend):
Halt ihn fest, daß er nicht fall'!

(Er streckt Fasolt mit einem Streiche zu Boden; dem Sterbenden entreißt er dann hastig den Ring.)

Aus dem ins Pianissimo zurückgenommenen Orchester steigt drohend, von den drei Posaunen geschmettert, Notenbeispiel 31: Alberichs Verfluchung des Rings.
Wotan erschauert.

Nochmals dieses Fluch-Motiv, dann leiser Alberichs Haß-Motiv (Notenbeispiel 30), über das Loge das Glück Wotans besingt: Und wieder läßt diese Motiv-Technik Wagners den verstehenden Hörer tiefer in die Seelen der Gestalten blicken, als die Worte es können – oder wollen. Meint Loge hier, Wotan sei durch den Verzicht auf den Ring der Rache Alberichs entkommen? Aber auch er weiß, daß dies nur noch eine vorübergehende Rettung bedeuten kann: Erdas Worte waren zu deutlich.

Erdas Motiv (Notenbeispiel 32) taucht auf, zeigt, daß auch Wotan an ihre Weissagung denkt. Zu ihr will er nun, um alles zu erfahren.

Mit schmeichelnden Tönen wendet Fricka sich an ihren Gemahl...
ruft ihm – mit Anklängen an das Walhall-Motiv – die Burg in Erinnerung, die seiner harrt.
In Wotans Geist aber wirkt düster alles Vorgefallene nach; das Walhall-Motiv verzerrt sich in Moll- und verminderte Harmonien.

Nun blinzle nach Freias Blick:
an den Reif rührst du nicht mehr!
(Er steckt den Ring in den Sack und rafft dann gemächlich den Hort vollends ein. Alle Götter stehen entsetzt. Feierliches Schweigen.)
Wotan (erschüttert):
 Furchtbar nun
 erfind ich des Fluches Kraft!
Loge:
 Was gleicht, Wotan,
 wohl deinem Glücke?
 Viel erwarb dir
 des Ringes Gewinn;
 daß er nun dir genommen,
 nützt dir noch mehr:
 deine Feinde – sieh,
 fällen sich selbst
 um das Gold, das du vergabst.
Wotan:
 Wie doch Bangen mich bindet!
 Sorg und Furcht
 fesseln den Sinn;
 wie sie zu enden,
 lehre mich Erda:
 zu ihr muß ich hinab!
Fricka (schmeichelnd sich an ihn schmiegend):
 Wo weilst du, Wotan?
 Winkt dir nicht hold
 die hehre Burg,
 die des Gebieters
 gastlich bergend nun harrt?
Wotan (düster):
 Mit bösem Zoll
 zahlt' ich den Bau!
Donner (auf den Hintergrund deutend, der noch in Nebel gehüllt ist):
 Schwüles Gedünst
 schwebt in der Luft;
 lästig ist mir

Nun folgt wieder ein völlig tonmalerisches Stück. In den vielfach geteilten, wogenden Streichern entwickelt sich das Klangbild der aufgezogenen Gewitterwolken, der drückenden Schwüle, die über der Landschaft liegt. Donner ergreift seinen Hammer, steigt auf einen Felsenhügel, von dem aus er dem dunkel gewordenen Himmel gegenübersteht:

(35)

Dieses Motiv, das Donner-Motiv (wobei das Wort in seinem Doppelsinn verstanden werden kann: dem Donner des Gewitters wie dem Gott zugeteilt), beherrscht das weitgeschwungene Orchester-Crescendo. Immer wieder klingt es – von den Hörnern, später vom gesamten Blech tosend geblasen – durch die sich mehr und mehr steigernden Streicherbrechungen.

der trübe Druck:
das bleiche Gewölk
samml' ich zu blitzendem Wetter;
das fegt den Himmel mir hell.

(Er besteigt einen hohen Felsstein am Talabhange und schwingt dort seinen Hammer; mit dem Folgenden ziehen die Nebel sich um ihn zusammen.)

Heda! Heda! Hedo!
Zu mir, du Gedüft!
Ihr Dünste, zu mir!
Donner, der Herr,
ruft euch zu Heer.

(Er schwingt den Hammer.)
Auf des Hammers Schwung
schwebet herbei:
dunstig Gedämpf,

Auf dem Höhepunkt saust Donners Hammer auf die Felsen, aus denen Funken zu sprühen scheinen. Rasender Wirbel zweier tiefer Pauken verhallt, von Celli und Kontrabässen umrahmt, wie Donner in der Ferne. Von den vielen Gewitterschilderungen, die es in der Musik gibt (Vivaldi, Haydn, Beethoven usw.), ist dies eine der großartigsten.

Die Landschaft ist nun wieder sichtbar und in satte Farben getaucht, wie nach einem schweren Gewitter, das vorübergerast ist. Die Wolken zerstreuen sich schnell, leuchtender Himmel blickt schon an vielen Stellen wieder hervor. Aus den sich rasch verziehenden Nebeln des Hintergrunds tritt im Abendsonnenglanz die Burg Walhall hervor. Und über der Wiese, hoch im wachsenden Blau, wird ein Regenbogen sichtbar. Die Baßklarinette, ein Horn und zwei Fagotte breiten ein neues, das Regenbogen-Motiv aus:

(36)

Wiederum eins der ganz einfachen Dreiklangsmotive, wie Wagner sie liebt, wenn er Naturzustände oder einfache, klare Gefühle schildert, aber in üppigster, wunderbar klingender Instrumentation, deren Untergrund von sechs Harfen, hohen Holzbläserakkorden und zartesten Streicherfiguren gegeben wird.

schwebend Gedüft!
Donner, der Herr,
ruft euch zu Heer!
Heda! Heda! Hedo!
(Er verschwindet völlig in einer immer finsterer sich ballenden Gewitterwolke.)
(Man hört Donners Hammerschlag schwer auf den Felsstein fallen: ein starker Blitz entfährt der Wolke; ein heftiger Donnerschlag folgt.)
Donner (unsichtbar, nachdem Froh mit ihm im Gewölk verschwunden):
Bruder, hieher!
Weise der Brücke den Weg!

(Plötzlich verzieht sich die Wolke; Donner und Froh werden sichtbar:

von ihren Füßen aus zieht sich, mit blendendem Leuchten, eine Regenbogenbrücke über das Tal hinüber bis zur Burg, die jetzt im Glanze der Abendsonne strahlt.)

(Fafner, der neben der Leiche seines Bruders endlich den ganzen Hort eingerafft, hat, den ungeheuren Sack auf dem Rücken, während Donners Gewitterzauber die Bühne verlassen.)[1]

---

[1] Diese Regieanweisung steht nur im Textbuch, aber nicht im Klavierauszug.

Froh übernimmt in seinem Gesang das Regenbogen-Motiv in fast hymnischer Weise.

Auf dem Höhepunkt setzen die Wagner-Tuben feierlich mit dem Walhall-Motiv (Notenbeispiel 10) in seiner ganzen Ausdehnung ein. Wagner steigert es durch immer neue Instrumentationskünste.

Selbst Wotan, eben noch in düsteren Sorgen um die Zukunft, wird vom überwältigenden Naturschauspiel mitgerissen: Auf Frohs Geheiß hat der Regenbogen sich zur Brücke geformt, über die der Weg der Götter nach Walhall nun offen und frei liegt. Eine leuchtende Vision, der ein ebenso strahlendes Orchester zugewiesen ist. Von der Feierlichkeit des Augenblicks ergriffen, holt Wotan zur großen Geste aus. Aber dennoch machen sich immer wieder dunkle Gedanken in seiner Ansprache vernehmbar:

das Orchester erinnert an den Ring (Notenbeispiel Motiv 6)...

und an Erda (Notenbeispiel 32).

Und dann taucht plötzlich, so unerwartet wie bedeutungsvoll, ein neues Motiv auf:

(Notenbeispiel S. 176)

*Froh (der der Brücke mit der ausgestreckten Hand den Weg über
das Tal angewiesen, zu den Göttern):*
Zur Burg führt die Brücke,
leicht, doch fest eurem Fuß:
beschreitet kühn
ihren schrecklosen Pfad!

*(Wotan und die andern Götter sind sprachlos in den prächtigen
Anblick verloren.)*

Wotan:
Abendlich strahlt
der Sonne Auge;
in prächtiger Glut
prangt glänzend die Burg.
In des Morgens Scheine
mutig erschimmernd,
lag sie herrenlos
hehr verlockend vor mir.
Von Morgen bis Abend
in Müh und Angst
nicht wonnig ward sie gewonnen!
Es naht die Nacht:
vor ihrem Neid
biete sie Bergung nun.

(37)

Es ist, als Schwert-Motiv, eines der bekanntesten und prägnantesten der Nibelungen-Tetralogie. Es wird das Schwert Nothung symbolisieren und damit die Helden Siegmund und Siegfried. Es kann hier keine andere Bedeutung besitzen als das Auftauchen des Gedankens in Wotans Phantasie, eine Heldenrasse in die Welt zu setzen, die ihn vor dem Untergang retten könnte. Dem entsprechen auch die Regieanweisung: »Wie von einem großen Gedanken ergriffen, sehr entschlossen« und die Worte, die er singt »sicher vor Bang und Graun«.
Noch einmal das heroische Schwertmotiv, bevor Wotan sich, nun in weicherer Tongebung, an Fricka wendet und ihr seinen Arm bietet.

Das Walhall-Motiv (Notenbeispiel 10) herrscht nun wieder im Orchester –

bis Loge es mit seinem eigenen, wie Flammen züngelnden Motiv (Notenbeispiel 19) zersetzt. Auch das Ring-Motiv spielt immer wieder in seine bösen Gedanken hinein.

VIERTE SZENE

(Wie von einem großen Gedanken ergriffen, sehr entschlossen.)

So grüß ich die Burg,
sicher vor Bang und Graun –

(Er wendet sich feierlich zu Fricka.)
Folge mir, Frau:
in Walhall wohne mit mir!
Fricka:
Was deutet der Name?
Nie, dünkt mich, hört' ich ihn nennen.
Wotan:
Was, mächtig der Furcht,
mein Mut mir erfand,
wenn siegend es lebt,
leg es den Sinn dir dar!
*(Er faßt Fricka an der Hand und schreitet mit ihr langsam der
 Brücke zu; Froh, Freia und Donner folgen.)*
*Loge (im Vordergrunde verharrend und den Göttern nach-
 blickend):*
Ihrem Ende eilen sie zu,
die so stark im Bestehen sich wähnen.
Fast schäm ich mich,

Als er sich den Göttern anschließen will, erklingen einige Teile des Walhall-Motivs von neuem.

Ein Gesang aus dem Tal herauf: Mit dem »Rheingold!«-Motiv erklingt der Gesang der Rheintöchter.

Wotan hält im Schreiten inne und lauscht, ohne zu verstehen.

Loge erklärt Wotan den Sinn der Klage. Doch der Gott ist nicht gesinnt, auf die für ihn, wie er meint, vorteilhaft abgeschlossene Angelegenheit zurückzukommen.

Ironisch und zum Walhall-Motiv kündet Loge das den Rheintöchtern, die weiter um den Verlust des Goldes klagen; dessen Motiv erklingt nochmals.

mit ihnen zu schaffen;
zur leckenden Lohe
mich wieder zu wandeln,
spür ich lockende Lust.
Sie aufzuzehren,
die einst mich gezähmt,
statt mit den Blinden
blöd zu vergehn,
und wären es göttlichste Götter!
Nicht dumm dünkte mich das!
Bedenken will ich's:
wer weiß, was ich tu!
(Er geht, um sich den Göttern in nachlässiger Haltung anzuschließen.)
Die drei Rheintöchter (in der Tiefe des Tales, unsichtbar):
Rheingold! Rheingold!
Reines Gold!
Wie lauter und hell
leuchtetest hold du uns!
Wotan (im Begriff, den Fuß auf die Brücke zu setzen, hält an und wendet sich um):
Welch Klagen dringt zu mir her?
Die drei Rheintöchter:
Um dich, du klares, wir nun klagen!
Loge (späht in das Tal hinab):
Des Rheines Kinder beklagen des Goldes Raub.
Die drei Rheintöchter:
Gebt uns das Gold!
Wotan:
Verwünschte Nicker!
Die drei Rheintöchter:
O gebt uns das reine zurück!
Wotan:
Wehre ihrem Geneck!
Loge (in das Tal hinabrufend):
Ihr da im Wasser,
was weint ihr herauf?
Hört, was Wotan euch wünscht.
Glänzt nicht mehr

In einer Theatervision von seltener Stärke schreiten die Götter nun, zu den machtvollsten Klängen eines riesigen Orchesters, über den Regenbogen nach Walhall.
Aber die letzten Stimmen, die vernehmlich werden, sind die der Rheintöchter, denen unter Mithilfe Wotans schwere Kränkung widerfahren ist. Sie haben alles Recht zu singen: »Falsch und feig ist, was dort oben sich freut!« Auch Loge denkt ähnlich, und seine Haltung steht in fühlbarem Widerspruch zur überströmenden Euphorie der anderen Götter, die glauben, Erdas Prophezeiung entgehen zu können...

Das Walhall-Motiv gewinnt immer stärkeren Glanz. Zuletzt mündet es in das Motiv des Regenbogens, der Brücke zur neuen Burg der Götter, die strahlend vor ihnen liegt.

euch Mädchen das Gold,
in der Götter neuem Glanze
sonnt euch selig fortan!
(Die Götter lachen und beschreiten mit dem Folgenden die Brücke.)

Die Rheintöchter (aus der Tiefe):
Rheingold! Rheingold!
Reines Gold!
O leuchtete noch
in der Tiefe dein lautrer Tand!
Traulich und treu
ist's nur in der Tiefe:
falsch und feig
ist, was dort oben sich freut!
(Während die Götter auf der Brücke der Burg zuschreiten, fällt der Vorhang.)

ENDE DES VORABENDS

Inhalt

VORSPIEL, ERSTE SZENE

Das ausgedehnte Vorspiel, tonmalerisch wie kaum ein zweites in der Opernliteratur, drückt mehr aus als eine Einleitung zur ersten Szene. Hier hat Wagner seinen Blick auf die gesamte Tetralogie gerichtet; ungeheure, unmeßbare Zeiträume ziehen in dieser Musik vorbei. Es ist das Dahinfließen des Rheins, das geschildert wird, eines schicksalträchtigen Stromes, an dessen Ufern sich Glück und Leid von Völkern und Epochen abgespielt haben, aber darüber hinaus erleben wir den Strom als Symbol von Weltenbeginn und Weltenende. Kommt alles Leben aus dem Wasser? Das riesige Drama um den Ring des Nibelungen beginnt mit dieser majestätischen Klangstudie des Flusses, bevor noch der Vorhang zum *Rheingold* aufgehen wird, und es erreicht seinen letzten Höhepunkt am Schluß der *Götterdämmerung*, wieder am Ufer des Rheins.

Still ziehen die Wasser dahin, Sonnenstrahlen dringen ein, erhellen hie und da seinen Grund, lassen Wellen und kleine Strudel freundlich erglänzen. Alles atmet Frieden, unvorstellbare Zeitlosigkeit. Drei Nixen, Rheintöchter, spielen in den Wogen, tauchen auf und huschen wieder hinab in die dunklere Tiefe, mahnen einander wie im Scherz, das Gold zu hüten, das hier schläft – seit Urbeginn.

Aus einer finsteren Schlucht tritt ein häßliches Wesen zu ihrem Spiel: Alberich, der Nibelung, ein unförmiger, abstoßender Zwerg. Mit Wohlgefallen beobachtet er das Spiel der Nixen, mit steigender Begehrlichkeit nähert er sich ihnen. Die Rheintöchter lachen, nur Floßhilde, die wachsamste, erfahrenste, warnt vor dem Feind, der da in Gestalt eines lächerlichen Freiers auftaucht. Die ganze Erde ist ein weiter Kampfplatz, um Leben und Licht ringen die Götter, die Riesen, die Zwerge und, eines späteren Tages, die Menschen. Die Nixen, allen Machtkämpfen fern, leben zeitlos im Wasser. Hier sind sie dem Nibelungen an Behendigkeit weit überlegen. So necken sie ihn, lassen ihn herankommen, machen ihn rasend vor Begierde, um ihm wieder zu entschlüpfen, wenn er sie kaum berührt hat. Zuerst Woglinde, danach

Wellgunde – sie treiben ein grausames Spiel mit ihm, der immer von neuem vergeblich versucht, die glitschigen Felsen des Flußbettes zu ersteigen. Floßhilde treibt es am ärgsten, sie kommt ihm näher, als ihre Schwestern es getan haben, wandelt die Häßlichkeit seines Körpers mit süßen Worten in verlockende Reize um. Schon wähnt Alberich sich endlich am Ziel seiner Wünsche, da entgleitet auch sie ihm leicht und lachend. Das Spiel wird immer toller, die blitzschnell auftauchenden und davonjagenden Nixen, der keuchende, sie mit letzten Kräften verfolgende Nibelunge, der immer wieder zur Jagd ansetzt und immer wieder herabstürzt von der Höhe der Riffe und seiner süßen Hoffnungen.

Endlich hält er erschöpft inne, sein Blick wird durch eine hellglänzende Stelle im Felsen gebannt. Er strengt seine Augen an, um den Ursprung dieses Lichts zu erkennen, das die Nixen übermütig umschwimmen. Was mag das sein? Der goldene Schimmer lenkt ihn von seiner Begierde ab, er fragt nach dem geheimnisvollen Leuchten. Die Rheintöchter lachen: wo käme er denn her, daß er nichts vom Rheingold wisse? Die Neugier Alberichs ist erwacht: ob es nur ihrem Spiel tauge? Woglinde und Wellgunde verraten ihm mehr: *Der Welt Erbe gewänne zu eigen, wer aus dem Rheingold schüfe den Ring, der maßlose Macht ihm verlieh'*. Vergebens mahnt Floßhilde die schwatzhaften Schwestern, die sich sicher fühlen. Denn sie kennen die Bedingung, die an das Schmieden des Ringes geknüpft ist: *Nur wer der Minne Macht entsagt...* Und danach sieht es bei diesem lüsternen Zwerg wahrlich nicht aus.

In Alberich aber geht die große Wandlung vor sich. Der Liebe entsagen? Um ungeheurer Macht willen? Er faßt den Entschluß, den der Hohn der Nixen ihm erleichtert hat. Finster entschlossen klettert er zum Felsen empor, aus dem das Licht zu strömen scheint; entsetzt fahren die Nixen auseinander, doch Alberich verfolgt nun keine mehr von ihnen. Er nähert sich in wütender Anstrengung dem Gold, streckt die Hand aus, ergreift es. Er hält nur noch inne, um in letzter Verzweiflung die Liebe zu verfluchen. Dann reißt er mit furchtbarer Gewalt das Gold aus dem Stein. Der helle Schein erlischt im selben Augenblick, die Rheintöchter schreien gellend auf. Nacht breitet sich über die Szene, immer ferner verhallt Alberichs bitteres Lachen des Triumphs.

In der Tiefe des Rheins umspielen die drei Rheintöchter schwimmend den Felsen, in dem der Goldschatz ruht. Alberich naht ihnen verliebt… (Staatsoper München 1975; Regie: Günther Rennert, Bühnenbild: Jan Brazda)

Alberich, der Nibelung (Zoltan Kelemen) belauscht das unschuldige Spiel der Rheintöchter.
(Osterfestspiele Salzburg 1973; Regie: Herbert von Karajan, Bühnenbild: Günther Schneider-Siemssen)

Alberich erklimmt die Felsen auf dem Grund des Rheins,
um eine der Nixen zu fangen.
(Staatsoper Wien)

ZWEITE SZENE

Das Weltenschicksal nimmt seinen Lauf. Die Fluten des Rheins sind von Nebeln zugedeckt worden, die sich zu Gewölk verdichten. Das Grau eines Bergmorgens schimmert hindurch. Auf blumiger Höhenwiese schläft das höchste Götterpaar, Wotan und Fricka. Der anbrechende Tag beleuchtet mit wachsendem Schimmer eine Burg, die sich fern aus den Wolken erhebt. Fricka erblickt sie, weckt den Gemahl. Wotan sieht staunend und stolz auf das vollendete Werk, von dem er eben noch geträumt. Fricka ruft ihn, der sich von dieser Burg *endlosen Ruhm* erhofft, in die rauhe Wirklichkeit zurück: nun sei der Lohn fällig, den Wotan Fafner und Fasolt versprochen habe, den Riesen, die den gewaltigen Bau schufen. Habe Wotan vergessen, was er versprach? Der Gott wehrt ab: diese Sorge solle sie in diesem freudigen Augenblick nicht beschweren. Niemals habe er ernstlich daran gedacht, den Riesen die holde Göttin Freia zu überlassen, Frickas Schwester und Hüterin der goldenen Äpfel, welche ewige Jugend verleihen. Der Wortwechsel läßt erkennen, wie sehr das Götterpaar sich auseinandergelebt hat. Fricka zittert bei jedem neuen Plan Wotans, von dem Ungetreuen einmal gänzlich verlassen zu werden. Gewiß, auch sie habe die Burg gewünscht, um mit ihrer *herrlichen Wohnung, wonnigem Hausrat* den stets durch die Welt Schweifenden fester an sich zu binden. Doch niemals um solchen Preis, über den Wotan in ihrer Abwesenheit mit den Riesen paktiert hatte.

In hastiger Flucht stürzt Freia zu Wotan: Fasolt habe ihr von ferne angekündigt, sie bald holen zu kommen. Wotan wird unruhig: wo nur Loge so lange weile? Fricka wirft ihm auch dieses vor: dem schlauen, verschlagenen Halbgott zu sehr zu vertrauen. Wotan erklärt, keine Hilfe zu brauchen, wo es um Mut und Stärke gehe. Hier aber käme es auf List an, auf die keiner sich besser verstünde als Loge. Mit dröhnenden Schritten nahen die Riesen Fasolt und Fafner, verlangen den ausbedungenen Lohn. Wotan stellt sich, recht ungöttlich, unwissend oder vergeßlich. Freia? Das sei doch nie im Ernst ausgemacht worden! Die Riesen müssen den Gott an die Vertragstreue mahnen, die sein Speer zu schützen vorgibt. Fasolt findet warme Töne, um seine Sehnsucht nach einer Frau auszudrücken; Fafner bleibt nüchterner, er denkt an Freias Äpfel, deren Genuß ewige Jugend verspricht. Heute die Götter, morgen sie selbst, die Riesen – der Kampf um die Macht ruht nicht. Immer unruhiger blickt Wotan nach Loge aus, der zum Vertrag mit den Riesen geraten, zugleich aber versprochen hat, ihn zu lösen. Fafner bewegt sich drohend auf Freia zu, Donner und Froh betreten den Platz und stürzen sich dazwischen. Wotan legt sich ins Mittel, der Zwist soll ohne Gewalt gelöst werden.

Die Riesen Fafner und Fasolt kommen, um von Wotan den ausbedungenen Lohn für den Bau der Burg Walhall (im Hintergrund) zu fordern: die Göttin Freia. (Bayerische Staatsoper 1975; Inszenierung: Günther Rennert, Bühnenbild: Jan Brazda)

Endlich erscheint Loge. Er durchschaut sofort die Lage, aber seine ersten Worte sind voller Lob über die Kunst der Riesen, die ein so großartiges Gebäude zu errichten imstande waren. Wotan nimmt ihn beiseite: habe er denn vergessen, daß er die Götter aus einer schlimmen Lage zu befreien versprochen habe? Loge tut verwundert: nie habe er solches zugesagt, lediglich angestrengt nachzudenken habe er gelobt, wie der Pakt zu lösen sei. Nun aber bedauere er tief: in der ganzen Welt habe er nichts gefunden, was den Riesen als Ersatz für Freia anzubieten wäre. Es gäbe eben nichts, was den Mann entschädigen könnte *für Weibes Wonne und Wert*. Die Götter haben dem Gespräch mit steigender Empörung gelauscht, nun wollen sie sich wütend auf Loge stürzen, der so offenkundig die Partei der Riesen ergreift. Nur Wotan schützt ihn, er kennt Loges Verschlagenheit: *Reicher wiegt seines Rates Wert, zahlt er zögernd ihn aus.*

Loge erzählt weiter, macht er sich über die Götter lustig? Da wirft er wie von ungefähr ein, er habe jemanden gefunden, der auf die Liebe zu verzichten bereit sei. Die Rheintöchter haben ihm die Geschichte erzählt und er ihnen versprochen, ihre Klage an Wotan weiterzugeben. Alberich hat mit dem Liebesfluch das Rheingold geraubt; nun solle Wotan es ihnen wiedergeben. Wotan kann sich kaum noch zurückhalten: er selbst sei in Not, und Loge spräche ihm von der Not anderer, die er zudem gar nicht lindern könne? Die Riesen sind sehr aufmerksam geworden. Loges Erzählung beginnt ihre Wirkung zu zeigen. Das Gold in der Hand ihrer ärgsten Feinde? Fafner vergewissert sich bei Loge: Was birgt das Gold denn so Mächtiges oder Geheimnisvolles, daß Alberich um seinetwillen der Liebe abschwor? *Ein Tand ist's in des Wassers Tiefe, lachenden Kindern zur Lust: doch, ward es zum runden Reife geschmiedet, hilft es zur höchsten Macht, gewinnt dem Manne die Welt*, ist Loges Antwort. Schrecken ergreift alle. Die Riesen müssen um ihr Überleben bangen, das ihnen die zur Weltmacht aufsteigenden Nibelungen kaum in Freiheit gewähren würden. Doch selbst die Götterherrschaft könnte ins Wanken geraten, denn die Zwerge sind, im Gegensatz zu den Riesen, klug und ehrgeizig. Leise befragt auch Fricka Loge: ob das Gold als Schmuck für Frauen tauge? Und ebenso erwidert Loge, und wieder zeigt er sich als der unübertrefflich Schlaue: *Des Gatten Treu ertrotzte die Frau, trüge sie hold den hellen*

Schmuck... Er hat Frickas wundeste Stelle getroffen und klug damit gerechnet. Wirklich wendet sich die Göttin nun schmeichelnd an Wotan mit Bitte um dieses Gold. Doch Wotan hat ganz andere Gedanken: der Ring und die Burg, dann wäre seine Macht ewig. Doch wie das Gold erringen? Loge weiß Rat, wie immer: Alberich hat nicht gezaudert und den Ring geschmiedet, berichtet er. Doch gerade das sei vielleicht ein Vorteil; denn Wotan hätte den Verzicht auf die Liebe, den der Zwerg leistete, nie ausgesprochen. Nun aber sei dies zum Besitz des Weltmachtringes nicht mehr nötig. Wie ihn erringen? drängt Wotan. *Spottleicht, ohne Kunst wie im Kinderspiel*, lächelt Loge: *Durch Raub! Was ein Dieb stahl, das stiehlst du dem Dieb...* Doch höchste Vorsicht tue not, setzt er hinzu, wolle Wotan das Unternehmen wagen, mit dem er den Rheintöchtern ihr Eigentum wiedergeben könne. Wotan fährt auf; daran denkt er wahrlich nicht, wenn er nun daran geht, das Gold dem Räuber zu entreißen.

Auch die Riesen haben beraten. Nun verkünden sie den Göttern ihren Beschluß. Sie seien bereit, auf Freia zu verzichten, wenn sie an ihrer Stelle das Gold bekämen. Wotan braust wütend auf: *Was nicht ich besitze, soll ich euch Schamlosen schenken?* Die Riesen kürzen die Verhandlung ab: sie nehmen Freia als Geisel mit sich. Am Abend wollen sie wiederkommen, um sie gegen das Gold zu tauschen.

Fahler Nebel beginnt die Farben der Landschaft zu löschen, malt sich als Blässe auch auf den Gesichtern der Götter. Loge erklärt es: Freia, die Hüterin der Jugend, ist ihnen entrissen. Ihn träfe es weniger, setzt er achselzuckend hinzu; denn ihm, dem ungeliebten Halbbruder, habe die Göttin die jugendspendende Frucht, die goldenen Äpfel ihres Gartens, stets gern vorenthalten. Düstere Gedanken bemächtigen sich aller, ihre Kräfte schwinden. Da rafft Wotan sich auf, ruft Loge an seine Seite: *Nach Nibelheim fahren wir nieder: gewinnen will ich das Gold.*

Wieder verwandelt die Bühne sich bei offenem Vorhang und pausenloser Musik. Durch immer dunklere Erdschichten steigen Wotan und Loge abwärts, durch Schluchten und Klüfte, vorbei an Höhlen, aus denen immer deutlicher der Lärm von Schmiedehämmern dringt. Unter dem nun kraft seines Ringes allmächtigen Alberich arbeiten die Nibelungen im Frondienst.

Die Szene der ihren Lohn heischenden Riesen im Bayreuther Festspielhaus (Regie: Wolfgang Wagner)

INHALT

Die Göttin Freia (Jeanine Altmeyer) wird als Pfand von den
Riesen (Fasolt: Karl Ridderbusch) mitgenommen.
(Osterfestspiele Salzburg 1973, Regie: Herbert von Karajan)

DRITTE SZENE

Die Götter gelangen in einen Raum, in dem Alberich soeben seinem Bruder Mime, den er mißhandelt, ein seltsames Geschmeide entrissen hat: Es ist ein Tarnhelm, der seinem Besitzer mit Hilfe eines Zaubers jede Gestalt borgen, ja ihn sogar unsichtbar machen kann. Mime hat den Kettenhelm für Alberich schmieden müssen und spielte mit dem Gedanken, ihn für sich zu behalten, um so dem Frondienst zu entgehen. Doch konnte er den Zauber nicht erraten, und Alberich, der unumschränkt über die versklavten Nibelungen herrscht, entreißt ihm den Helm und schlägt, unsichtbar gemacht, den Bruder nun grausam. Die Götter entdecken den am Boden Liegenden, Jammernden. Loge beruhigt ihn: Nicht als Feinde seien sie gekommen, vielleicht sogar als Helfer. Alberich kehrt zurück, verjagt Mime und treibt die Zwerge an, unaufhörlich Gold zu schleppen. Er kennt die Fremden, steht ihnen mißtrauisch, ja feindlich gegenüber; nun allerdings nicht mehr unterwürfig, wie wohl bei früheren Begegnungen, sondern selbstsicher im Besitz des mächtigen Ringes. Für Loge fühlt er Verachtung; er deutet eine frühere, enge Verbindung an, in der sich die Falschheit des nun zum Halbgott Aufgestiegenen erwiesen habe. Mit *Deiner Untreu trau ich, nicht deiner Treu!* charakterisiert er ihn sehr treffend. Loge aber erinnert Alberich, wie unterwürfig, daran, daß er die Flammen seiner Schmiede ja doch ihm verdanke, dem Gott des Feuers. Angesichts der Zurückhaltung Loges wird Alberich immer stolzer, verrät einiges von seinen Zukunftsplänen: aus Nibelheim auszubrechen, die Welt zu erobern, die Männer zu Sklaven, die Frauen zu seinem Eigentum zu erniedrigen. Wotan kann nur mit Mühe Beherrschung wahren; Loge wehrt seinem Auffahren: Hier gilt es List. Er bewundert Alberich und seine baldige Macht: die Kraft des Ringes sei wahrhaft grenzenlos! Doch was täte Alberich, wenn ein Rebell aus dem eigenen Volk ihm nächtlich im Schlaf den Ring entwendete? Höhnisch trumpft Alberich auf: *Der Listigste dünkt sich Loge; andre denkt er immer sich dumm...* Längst hat er diese Gefahr erkannt und ihr zu begegnen gewußt: Der Tarnhelm schützt ihn vor ihr. Loge tut erstaunt: nie habe er ein solches Wunder gesehen! Beruhe es auf Wahrheit, der Nibelung werde tatsächlich zum Herrn der Welt! Alberich bläht sich vor Stolz, geht in Loges listige Falle. Soll er ihm beweisen, was er sagte? In welcher Form wolle der Gast ihn sehen? Alberich stülpt den Tarnhelm über, murmelt den Zauberspruch und erscheint als Riesenschlange. Loge stellt sich geängstigt, bewundernd. Doch – wäre es nicht klüger, anstatt groß und verwundbar sich klein zu

Die dritte Szene spielt in »Nibelheim«. Die Götter Wotan und Loge beobachten die Mißhandlung Mimes durch seinen Bruder Alberich. (Stadttheater Zürich, 1957, Regie: Karl Heinz Krahl, Bühnenbild: Philipp Blessing)

Alberich (Klaus Hirte) hat das Rheingold geraubt und den ihm
Weltherrschaft verheißenden Ring geschmiedet.
Vor Wotan (Leif Roar) und Loge (René Kollo) prunkt er mit
seiner neuen Macht.
(Bayerische Staatsoper München, 1975)

machen, winzig klein, so daß man ungesehen sich in jeder Bodenritze verbergen könne? Doch das sei wohl zu schwer... Alberich geht auf diese Herausforderung ein: Er wandelt sich in eine winzige Kröte. Das ist der Augenblick, den Loge erwartet hat. Die Götter stürzen sich auf die Kröte, reißen den Tarnhelm ab und fesseln den Zwerg schnell. Dann schleppen sie ihn rasch die Kluft aufwärts, wieder vorbei an den rasenden Ambossen, auf die Erde zurück.

VIERTE SZENE

Die Verwandlung geht in umgekehrter Richtung und bei durchlaufender Musik vor sich. Endlich wird die Höhe wieder erreicht. Wotan und Loge stoßen hier den gebundenen Alberich zu Boden. Um die Freiheit wiederzuerlangen, gibt es für ihn nur ein Mittel: den Göttern das Gold auszuliefern. Er erkennt dumpf seine Machtlosigkeit, es bleibt ihm kein Ausweg. Loge befreit ihm einen Arm, damit er mit Hilfe des Ringes seinen fernen Untertanen den Befehl erteilen kann, das Gold auf die Erde zu tragen. Seine Bitte, ihn ganz zu lösen, damit die Nibelungen ihn nicht in dieser erniedrigenden Lage sähen, wird von den Göttern nicht erfüllt. Das Gold trifft ein, wird auf der Wiese niedergelegt, Klumpen um Klumpen. Sei er nun gelöst? fragt Alberich und will den Tarnhelm, den Loge nun am Gürtel trägt, zurückhaben. Er wird ihm verweigert, doch er bezwingt seine Wut im festen Glauben an den Ring: mit dessen Hilfe würde er in kurzer Frist alles, Gold und Tarnhelm, wieder in seinen Besitz bekommen. Loge fragt Wotan, ob er Alberich nun freigeben solle. Doch Wotan verlangt jetzt, wonach ihn am meisten gelüstet: den Ring. Der Nibelung schreit auf: lieber das Leben, doch niemals den Ring! Die dramatischste Szene des Werkes setzt ein. Entsetzlich ist Alberichs Kampf um den Ring, um seine Träume, die ihm mehr bedeuten, als er sagen kann: aus Nibelheim, den düsteren, sonnenlosen Höhlen hinauf auf die Gipfel der Erde, fort für immer aus Enge und Elend... In seiner Verzweiflung nennt er den Ring *sein Eigen* und hält ihn wirklich dafür: Hat er nicht das höchste Gut der Welt dafür hingegeben, die Liebe? Wotan sieht es anders: habe Alberich das Gold nicht den Rheintöchtern geraubt? Alberich erhebt sich zu wahrer Größe: was sei die Kleinheit seiner eigenen Schuld, verglichen mit jener, die Wotan auf sein Gewissen laden wolle? Doch Wotan, verblendet vom Glanz des Ringes, der seine Herrschaft für immer festigen soll, begeht die Tat, die seiner Rolle als Hüter der Eide und Verträge Hohn spricht. Er reißt Alberich den Ring vom Finger und steckt ihn an die eigene Hand. Der vernichtete Zwerg wird von Loge losgebunden. Aus dem Staub richtet er sich mühsam auf, dumpf und langsam, aber immer drohender. Und mit seiner letzten Kraft schleudert er Wotan den Fluch ins Gesicht, der zur Triebfeder des gesamten vierabend-

Wie gebannt vom Glanze des Ringes, den er soeben
Alberich (Klaus Hirte) gewaltsam vom Finger gerissen hat,
steht Wotan (Leif Roar).
Bayerische Staatsoper 1975, Regie: Günther Rennert,
Bühnenbild: Jan Brazda)

lichen Werkes wird: *Wie durch Fluch er mir geriet, verflucht sei dieser Ring! Gab sein Gold mir Macht ohne Maß, nun zeug' sein Zauber Tod dem, der ihn trägt! Kein Froher soll seiner sich freun; keinem Glücklichen lache sein lichter Glanz! Wer ihn besitzt, den sehre die Sorge, und wer ihn nicht hat, den nage der Neid! Jeder giere nach seinem Gut, doch keiner genieße mit Nutzen sein! Ohne Wucher hüt' ihn sein Herr, doch den Würger zieh' er ihm zu! Dem Tode verfallen, feßle den Feigen die Furcht: solang er lebt, sterb er lechzend dahin, des Ringes Herr als des Ringes Knecht! Bis in meiner Hand den geraubten wieder ich halte!* So segnet in höchster Not der Nibelung seinen Ring: *behalt ihn nun, hüte ihn wohl! Meinem Fluch fliehest du nicht!*

In den Anblick dieses Ringes versunken, steht gedankenvoll Wotan. Ahnt er, wie furchtbar des Nibelungen Fluch sich erfüllen wird, oder freut er sich an dem Glanz, der ihm zugleich für ewige Zeiten Weltherrschaft zu versprechen scheint? Längst ist Alberich wieder in die Kluft hinabgeschlüpft; von ferne tauchen die Riesen auf, die Freia mit sich führen. Aus dem sich allmählich teilenden Nebel treten die Gestalten Frickas, Donners und Frohs hervor und erfahren vom Erfolg Wotans in Nibelheim, dem Reich der Nibelungen. Freudig eilt Freia auf die Geschwister zu, doch Fasolt reißt sie noch einmal zurück: noch gehöre sie den Riesen. Wotan deutet auf den Schatz: Es wird bedungen, er müsse, um als Lösegeld zu dienen, Freias Gestalt völlig den Blicken entziehen. Fafner und Fasolt rammen ihre Pfähle in den Boden, Loge und Froh häufen die Goldklumpen vor Freia auf, um die Göttin rasch zu befreien. Schon scheint das Abkommen erfüllt, da erspäht Fafner noch einen Schimmer von Freias Blondhaar; er fordert von Loge den Tarnhelm, um die Öffnung zu stopfen. Dann entdeckt Fasolt noch einen Blick aus Freias Auge, und von neuem packt ihn die Sehnsucht nach der Frau. Der Verzicht, auf den sein goldgieriger Bruder Fafner sich schon völlig eingestellt hat, greift ihm, dem Gefühlvolleren, ans Herz. Loge zuckt die Achseln: das Gold sei vollständig verbraucht. Doch Fafner hat den Ring an Wotans Finger gesehen und verlangt ihn. Loge sucht ihn davon abzubringen: den Rheintöchtern müsse er zurückgegeben werden. Wotan fährt ihn an: *Was schwer ich mir erbeutet, ohne Bangen wahr ich's für mich.* Loge bedauert den Entschluß. Spricht er die Wahrheit, ist es ihm ernst mit der Rückgabe des

Die Riesen halten Freia (Jeanine Altmeyer) zurück, bis das
Rheingold aufgeschichtet als Lösegeld bereitliegt.
(Louis Hendrikx und Karl Ridderbusch, im Vordergrund
Loge Peter Schreier. Osterfestspiele Salzburg 1973)

Goldes oder zumindest des Ringes an die Rheintöchter, oder spielt er vor den Riesen Komödie? Er bleibt wie immer undurchsichtig, vieldeutig; im Grunde macht er nur seinem Namen Ehre, der nicht nur von Lohe abgeleitet werden kann, dem Feuer, das keine feste Form besitzt, flackert, auf vielerlei Arten schimmert, sondern meistens ebenso von Lüge... Energischer fordert nun Fafner den Ring, doch stößt die Forderung auf taube Ohren. Die Riesen packen Freia, der Handel scheint gescheitert, obwohl alle Götter Wotan zur Herausgabe des Ringes zu überreden suchen.

Die Szene verdunkelt sich geheimnisvoll, in bläulichem Licht taucht eine rätselhafte Gestalt aus den Felsen auf: Erda, die »Urmutter«, der »Welt weisestes Weib«, Mythos aus fernsten Tagen. Mahnend streckt sie die Hand gegen Wotan aus: *Weiche, Wotan! Weiche! Flieh des Ringes Fluch! Rettungslos dunklem*

Verderben weiht dich sein Gewinn! Wotan ahnt, daß hier eine höhere Macht, ein tieferes Wissen zu ihm spricht. Dumpf nimmt er ihre Weissagung auf: *Alles, was ist, endet! Ein düsterer Tag dämmert den Göttern: dir rat ich, meide den Ring!* Wotan begehrt mehr zu wissen, sucht die entschwindende Erda zurückzuhalten. Fricka und Froh werfen sich ihm entgegen, als er der rätselvollen Gestalt ins Erdinnere folgen will. Das Bild der noch fernen Götterdämmerung, des Weltuntergangs ist vor ihm aufgetaucht. Er ringt sich zum schweren Entschluß durch, nimmt den Ring vom Finger und schleudert ihn zum Hort. Jubelnd wirft Freia sich in die Arme ihrer Geschwister.

Fafner und Fasolt sind über die Teilung der Beute in Streit geraten. Sie greifen zu den Keulen, Fafner erschlägt den Bruder, rafft Gold und Ring zusammen und verschwindet bald, mühsam beladen, den Blicken. Wotan steht tief betroffen von der ersten Wirkung des Fluches. Loge rühmt, nicht ohne Ironie, Wotans Glück: *Viel erwarb dir des Ringes Gewinn; daß er nun dir genommen, nützt dir noch mehr: deine Feinde – sieh, fällen sich selbst um das Gold, das du vergabst.*

Der Vertrag wird erfüllt, das lösende Gold muß Freias Gestalt völlig verdecken. (Bayerische Staatsoper München, 1975)

Die Götter schreiten über einen Regenbogen in ihre neue Burg, von Wotan »Walhall« getauft. (Festspielhaus Bayreuth, Inszenierung: Wolfgang Wagner)

Dieselbe Szene in der Deutschen Oper Berlin
(Regie: Gustav Rudolf Sellner, Bühnenbild: Fritz Wotruba)

Dieselbe Szene in der Bayerischen Staatsoper München, 1975
(Regie: Günther Rennert, Bühnenbild: Jan Brazda)

Wotan hört ihn kaum; seine Gedanken weilen bei der unerklärlichen Erscheinung Erdas. Zu ihr möchte er unverzüglich aufbrechen. Aber Fricka klammert sich an ihn, weist auf die Burg, die nun im Abendsonnenglanz liegt: sie harre ihres Gebieters. Mit schwerem Herzen erklärt Wotan sich bereit, den prunkenden Bau zu beziehen. Zu deutlich hat er an diesem Tag die Grenzen seiner Macht gespürt, gefühlt, wie unrettbar er sich in Unrecht verstrickte. Wahrscheinlich ist dies der Augenblick, in dem ihm zum ersten Mal das Ende vor Augen kommt. Wie sagte die »Wala« Erda? *Alles, was ist, endet.* Also auch er, und diese Burg, die hoch aus den Felsen ragt, trotzig und uneinnehmbar. Und je weiter das Drama fortschreitet, desto stärker wird sein Wunsch nach diesem Ende...

Donner hat einen Hügel bestiegen. Er schwingt seinen mächtigen Hammer gegen die Gewitterwolken, die sich zusammengezogen haben. Als er ihn auf den Felsen niedersausen läßt, verstärkt sich der grelle Funke zum blendenden Blitz, der den Himmel reinzufegen scheint. Lang hallt der Donner über Berge und Täler nach. Wotan rafft sich aus seinen Gedanken auf, grüßt mit erhobener Lanze die Burg, der er den Namen Walhall verleiht, den künftigen Sitz der Göttermacht. Froh hat einen prächtigen Regenbogen, der nach Blitz und Donner sich über das Tal zu spannen begann, zur Brücke gebogen, die vom Wiesengrund, auf dem die Götter stehen, geradewegs in die Burg führt. Wotan reicht Fricka die Hand: *Folge mir, Frau! In Walhall wohne mit mir!* Der Zug der Götter setzt sich in Bewegung, nur Loge bleibt ein wenig zurück. Soll er sich den Eitlen, Machttrunkenen anschließen, die, er ahnt es, »ihrem Ende zueilen«? Er verachtet sie im Grunde. Soll er ihr Schicksal teilen oder, wie einst, wieder zur wilden, ungebändigten Flamme werden? Er will es sich gut überlegen.

Aus dem Rheintal dringt Nixengesang herauf. Wotan wird aufmerksam, hält im feierlichen Schritt inne. Loge erklärt ihm den Sinn der fernen Klage: die Rheintöchter weinen um das geraubte Gold. Unmutig weist Wotan Loge, die Nixen zum Schweigen zu bringen. Der wendet sich an sie, zwiespältig wie immer, höhnisch im Gewand ernster Rede: *Hört, was Wotan euch wünscht! Glänzt nicht mehr euch Mädchen das Gold, in der Götter neuem Glanze sonnt euch selig fortan!* Wotan vernimmt nicht mehr, was die Rheintöchter antworten: *Traulich und treu*

ist's nur in der Tiefe: falsch und feig ist, was dort oben sich freut!
Er schreitet mit Fricka, Freia, Donner und Froh über den Regenbogen, hinüber in die erhaben strahlende Burg. Loge steht noch wie unentschlossen, dann folgt er den Göttern langsam und nachdenklich, beinahe widerwillig.

Zur Geschichte des *Rheingold*

Der erste Gedanke zum *Ring des Nibelungen* kam Wagner, als er 35 Jahre alt war. Mit 61 Jahren setzte er den Schlußstrich unter das gewaltige Werk. Während mehr als einem Vierteljahrhundert hat ihn diese umfangreichste seiner Bühnenschöpfungen beschäftigt. Die Daten 1848 und 1874 stecken den Rahmen ab. Kaum ist das Werk beendet, fesselt seinen Schöpfer die theatermäßige Verwirklichung: Mit dem *Ring des Nibelungen* eröffnet er, im August 1876, sein Festspielhaus in Bayreuth: Der weithin sichtbare Höhepunkt seines Lebens ist eingetreten, der stolzeste aller seiner stolzen Träume verwirklicht.

Natürlich bedeutet die weite Zeitspanne von 26 Jahren keine ununterbrochene Beschäftigung mit dem Thema. Es gab Unterbrechungen, Hinwendungen zu anderen Werken. Eine davon, die längste, wird von Wagner sogar bei ihrem Beginn schriftlich festgehalten. Es gibt ein Skizzenblatt zum dritten der Dramen (*Siegfried*), auf dem Wagner soeben an der Szene des *Waldwebens* arbeitete: Der junge Held hat sich auf dem moosigen Boden der Lichtung ausgestreckt, und beim Blick zur Himmelsbläue überfallen ihn vielsagende Gedanken. Hier verabschiedet Wagner sich – mit der leichten Ironie, die er gern sich selbst gegenüber anwendet – von Siegfried, um sich mit einem anderen Werk zu beschäftigen, das ihn stark und stärker bedrängt: *Tristan und Isolde*. Und so schreibt er auf das Skizzenblatt, als wende er sich an seinen Helden: *Wann sehen wir uns wieder?* Es vergingen, von dieser Eintragung aus dem Jahre 1857 an, einige Jahre, bis sie einander wieder treffen sollten.

Die lange Entstehungszeit wirft Fragen auf: Ist der Meister, der das Werk vollendet, innerlich noch der gleiche, als der er in jungen Jahren das Werk erdacht und begonnen hatte? Dichterische wie musikalische Einheit sind verblüffend gewahrt. Selbst die technischen Fortschritte, die er ununterbrochen macht, wirken nirgends als Stilbruch. Und doch liegen zwischen jenem humoristischen »Abschied« und der Wiederaufnahme der Arbeit zwei entscheidende Schöpfungen: *Tristan und Isolde* sowie *Die Meistersinger von Nürnberg*, deren Geschichte der Leser in gesonderten Bänden unserer Reihe finden kann.

GESCHICHTE DES WERKES

Hier obliegt es uns, die Entstehung des *Rings des Nibelungen* nachzuzeichnen und dabei besonders *Das Rheingold* in den Vordergrund zu stellen. Unser Bericht setzt im bewegten Jahr 1848 ein, einem der Schicksalsdaten in Europas neuerer Geschichte. Es brodelt an allen Enden wie in einem Kessel, der aus unsichtbaren Quellen erhitzt wird; neue Ideen werden gefaßt und verbreitet. Throne geraten ins Wanken, Volksvertretungen werden zusammengerufen, Schlagworte wie Demokratie, Konstitution, Republik, Sozialismus, Kommunismus, Anarchie erfüllen, oft mißverstanden, den Raum. Wieder einmal – wie immer, seit es menschliche Gesellschaften gibt – geistert der unerfüllbare Traum der »Freiheit« durch Köpfe und Herzen. Auch durch die Wagners und seiner Freunde. Er ist ein »politischer« Künstler, nimmt stets an öffentlichen Fragen leidenschaftlichen Anteil. Vor allem interessiert ihn immer die mögliche Auswirkung eines Umsturzes auf die Kunst, auf den verhaßten »Betrieb« von Theatern, auf das ersehnte Ende von Routine, Gewohnheit, Schlendrian, falsch verstandener Tradition. Steht ein neues Kunstideal vor der Tür, vom Schwung der »Besten« – zu denen er sich mit seinen idealistischen Freunden zählt – getragen?

Wagner ist unstet in jenen Tagen, mehr noch, als es diesem Zwillingsgeborenen zu anderer Zeit beschieden ist. Je weniger Ruhe zur gewohnten Beschäftigung er findet – er ist immerhin Hofkapellmeister am Theater in Dresden –, desto fieberhafter arbeitet sein Geist an Gedanken, Plänen und Entwürfen. Die ersten Monate des Jahres 1848 waren mit der Instrumentation des *Lohengrin* vergangen, obwohl sich immer deutlicher zeigt, daß die ihm vorgesetzten Behörden an die Uraufführung dieses neuen Werkes ihres Hofkapellmeisters kaum noch ernsthaft dachten. Er war in den Ruf eines Revolutionärs geraten, eines Umstürzlers, dessen Ideen zur Reorganisation der Hoftheater kaum mehr als Unruhe in den Betrieb bringen könnten. Im Spätsommer des Jahres 1848 gibt Wagner den Entwurf zu einem Barbarossa-Drama (*Friedrich I.*) auf und schreibt einen Aufsatz, den er *Die Wibelungen, Weltgeschichte aus der Sage* betitelt. In ihm vereint er, seiner Gewohnheit gemäß, nicht nur Mythos, Legende, Sage und eigene Dichtung, er brachte auch verschiedene Kulturkreise in seltsame Verbindung – die Mär von den Nibelungen, wie das Mittelalter sie erzählt, mit Zügen aus der Geschichte der Gibel-

Die Dresdener Oper – von Gottfried Semper erbaut

linen. Den Namen »Wibelungen« gibt er bald zugunsten von »Nibelungen« auf, doch erfolgt in seiner Phantasie eine derartige Umgestaltung des alten Nibelungenliedes, daß der Uneingeweihte es nicht leicht hat, Wagners Umdeutungen zu folgen. Siegfried allerdings ist hier wie dort der strahlende Mittelpunkt, ein furchtloser Held, dessen Mut und Kraft ihn aufsehenerregende Taten zu vollbringen befähigen. War es Zufall, daß gerade in jenem wildbewegten Augenblick der Geschichte, im revolutionären Jahr 1848, Wagners Blick auf diese eigentlich unproblematische geradlinige Gestalt fiel, die für eine dramatische Entwicklung an sich nicht besonders geeignet schien? Wagner sah in ihm wohl den jungen, mitreißenden Volksanführer verkörpert, der mit der Schärfe seines strahlenden Schwerts die Fäulnis, die Müdigkeit, die Auswegslosigkeit einer morsch gewordenen, überalterten Ordnung zu bekämpfen, zu zerschmettern berufen und bereit war. Daß er sein letztes Ziel nicht erreicht, die neue Welt, für die er kämpft, nicht mehr erlebt, das mochte die Tragik sein, die Wagner darstellen wollte. Klar war ihm von vornherein, daß dieser Siegfried aller menschlichen Gesetze unkundig sein mußte, kein Doktrinär, kein Intellektueller, sondern (in Vorahnung Parsifals) ein »reiner Tor«, intuitiv, instinktiv, naiv. In ihm sollte gezeigt werden, zu welchen idealen Lösungen eine Welt ohne Gesetzesfesseln, ohne Verwaltung und ohne festgefahrene Ordnung fähig sei. So wurde Siegfried für Wagner – bewußt oder unbewußt – zu einer Verkörperung des russischen Anarchisten Michail Bakunin, eines Riesen mit kindlicher Seele, der aus der Heimat geflohen und in Wagners Dresdener Kreis getreten war, wo er nicht nur diesen, sondern viele idealistische junge Männer mitzureißen verstanden hatte.

Neben dem Nibelungenthema taucht in jenen Tagen in Wagners Gedanken noch ein weiterer Dramenstoff auf, der ihn lebhaft fesselt: Das Jesus-Motiv konnte ebenfalls in recht lebendige Verbindung zur aktuellen politischen Lage gebracht werden. Wagner hatte bereits einige Sätze entworfen: *...Ich erlöse euch von der Sünde, indem ich euch das ewige Gesetz des Geistes verkünde... Dieses Gesetz aber ist die Liebe, und was ihr in der Liebe tut, kann nie sündig werden...* Nach Aufgabe dieses Stoffes wird gerade dieser Gedanke im *Ring des Nibelungen* fortleben und in der Tragödie Siegmunds und Sieglindes starken Ausdruck finden.

Siegfried war wohl, in Wagners ersten Entwürfen, ein Sozialrevolutionär. Und daß er auch Jesus weitgehend als solchen verstand, ist klar. Gerade dieser Aspekt Wagners wird heute immer wieder zur Diskussion gestellt. Siegfrieds Tod verwandelt sich, allerdings erst in Wagners späteren Gedanken, in einen Weltuntergang. Bedeutet dieser Zusammenbruch das Ende des »Kapitalismus«, wie auf politischem Gebiet es soeben Karl Marx als Ziel jeder künftigen Revolution angekündigt hat? Hat das *Kommunistische Manifest* mit Wagners *Ring des Nibelungen* zu tun? Möglicherweise träumte Wagner zu jener Zeit von einer dichterisch-musikalischen Verwirklichung der die Epoche erschütternden Leitgedanken. Als Wagner aber ein Vierteljahrhundert später das Werk abschloß, hatte sein Geist auf weiten Wegen verschlungene Wanderungen zurückgelegt. Eines zu künden lag ihm dann allerdings noch ebenso am Herzen wie als jungem Musiker in Dresden: die Bekämpfung, die Verfluchung des Materialismus. Und darin konnte er sich mit einem Bayernkönig in vollster gefühlsmäßiger Übereinstimmung wissen.

Im Herbst 1848 schreibt Wagner einen Prosaentwurf von *Siegfrieds Tod*. Noch denkt er an eine einzelne Oper, so wie es alle seine bisherigen Werke gewesen waren: *Rienzi, Fliegender Holländer, Tannhäuser, Lohengrin.* Er ahnt noch nicht, daß dieses Werk einst der Schlußstein eines gewaltigen Dramas sein wird. Oder geht ihm schon eine Erweiterung des soeben zu Papier gebrachten Stückes durch den Kopf? Er macht bereits am 20. Oktober, als er die Skizze beendet, Äußerungen in diesem Sinne.

Das Jesus-Drama wird nun zurückgestellt, der Nibelungenstoff aber nimmt immer deutlichere Gestalt an. Vom 12. bis 28. November 1848 arbeitet Wagner an der sogenannten Urfassung von *Siegfrieds Tod*, einer Dichtung in freien Rhythmen und Stabreimen, mit großartigen sprachlichen Neuschöpfungen und einer Fülle von Bildern eigenster Prägung. In dieser Urfassung endet das Drama noch mit dem Tode des Helden. Noch vor Ende des Jahres lädt Wagner eine Gruppe von Freunden in seine Wohnung, um die Dichtung vorzulesen. Hans von Bülow und Karl Ritter sind anwesend, die beiden blutjungen Musiker, die zum »Meister« gestoßen sind, um ihm und seinem Werk zu dienen und sich an seiner Seite auf eine Dirigentenlaufbahn vorzubereiten; zudem der Chordirektor der Dresdener Oper, Wilhem Fischer, der Regisseur und Bühnenbildner Ferdinand Heine, der junge Bildhauer Gustav Adolph Kietz (der mehrere Wagnerbüsten modellierte) und der Baumeister Gottfried Semper, den Wagner eines Tages für die Entwürfe seines erträumten Festpielhauses heranziehen wird. Der Eindruck der Lesung ist stark. Doch niemand ahnt, daß dieses Drama sehr bald in ein unendlich viel größeres Werk münden wird.

In seiner wesentlich später geschriebenen Autobiographie *Mein Leben* ist merkwürdigerweise von dieser Anfangsphase des Nibelungenrings noch recht wenig die Rede, während die politischen Ereignisse der Zeit einen äußerst breiten Raum einnehmen. Immerhin erfahren wir, daß – da Wagners engster Freund August Röckel sich völlig in den Strudel der Tagesereignisse gestürzt hat – seine Vertrauensstellung bei Wagner nun von einem anderen Mann eingenommen wird: von Eduard Devrient, der in langen und tiefen künstlerischen Gesprächen Wagner besonders nahegekommen ist. Darüber verzeichnet *Mein Leben*:

Er erkannte die Tendenz, mich hiermit außer allem hoffnungsvollen Verkehr mit der modernen Theaterwelt zu set-

GESCHICHTE DES WERKES

Während der Revolution im Mai 1849 in Dresden

zen, und mochte natürlich dies durchaus nicht billigen. Dagegen versuchte er sich mit meiner Arbeit dahin zu befreunden, daß sie am Ende doch immer noch als nicht gar zu befremdlich und wirklich aufführbar zu denken sein sollte. Wie ernstlich er dies meinte, bewies er durch den Nachweis eines Fehlers, der darin bestehe, daß ich dem Publikum doch gar zu viel zumute, wenn es sich aus kurzen epischen Andeutungen so sehr viel, was meinem Stoffe das richtige Verständnis geben sollte, zu ergänzen hätte. Er wies darauf hin, daß, ehe man Siegfried und Brünnhilde in ihrem feindlichen Konflikte vor sich sähe, dieses Paar zuvor in seinem wahren, ungetrübten Verhältnis einmal kennengelernt worden sein müßte. Ich hatte nämlich das Gedicht von »Siegfrieds Tod« gerade nur mit den Szenen, welche auch jetzt noch den ersten Akt der »Götterdämmerung« bilden, begonnen und alles auf das vorangehende Verhältnis Siegfrieds zu Brünnhilde Deutende nur in einem Zwiegespräch der einsam zurückgelassenen Gemahlin des Helden mit dem an ihrem Felsen vorüberziehenden Heere der Walküren in einem lyrisch-epischen Dialog dem Zuhörer erläutert...

Wir erfahren hier also, wie beschränkt – der späteren Fassung gegenüber – Wagners Entwurf von 1848 war. Daran sollte sich nun während einiger Zeit nichts ändern. Das Jahr 1849 brach an, das in Wagners äußerem Leben einschneidende Änderungen bringen sollte. Der Aufstand brach jetzt auch in Dresden los, Wagner beteiligte sich begeistert an ihm und mußte bei seinem Zusammenbruch fliehen. Am 9. Mai verläßt er Dresden, das Exil beginnt, das länger, viel länger dauern wird, als Wagner in jenem dramatischen Augenblick vermutet. Noch zu Ende desselben Monats endet die Flucht auf einem Schweizer Dampfer, der ihn über den Bodensee in die Freiheit trägt. Die deutschen Grenzbehörden haben an ihm nichts Verdächtiges wahrgenommen. Ein falscher Paß, von Freund Liszt bereitgestellt, und einiges Geld aus derselben Quelle bewirken, daß Wagner, Stunden später, beinahe frohgemut im letzten Abendsonnenschein in Zürich einfährt. Vom Nibelungenring ist eine längere Zeit hindurch nichts zu berichten.

Gerade ein Jahr ist seit der Flucht vergangen. Wagner liest *Siegfrieds Tod* seiner Geliebten Jessie Laussot in Bordeaux vor. Die junge schöne Französin versteht gut Deutsch; wieweit sie in Wagners Sprache eindringen konnte, entzieht sich unserer Kenntnis. Die beiden Liebenden fassen den Plan zu gemeinsamer Flucht aus Europa. Aber aus der Reise in mittelmeerische, ja kleinasiatische Liebesgefilde wird nichts. Prosaisch schließt das

Minna Wagner geb. Planer – Richard Wagners erste Frau

poetische Idyll: Wagner kehrt heim nach Zürich, heim zu Minna, von der er sich mißverstandener fühlt denn je und der er doch nicht entgehen kann, da sie zu ihm geeilt war, seine Verbannung mit ihm zu teilen.

Wagner beschließt, die Dichtung von *Siegfrieds Tod* drucken zu lassen. Von der Musik gab es noch recht wenig; einen ersten Komponistenversuch brach Wagner im Sommer 1850 enttäuscht ab, nachdem er die Nornenszene in Musik gesetzt und das Liebesduett zwischen Siegfried und Brünnhilde angefangen hatte. War er von seiner Inspiration enttäuscht, konnte er die großartigen Klänge, die ihm hier vorschwebten, nicht verwirklichen? Einige der später so berühmt gewordenen Leitmotive dürfte er um jene Zeit schon skizziert haben: Siegfrieds Hornruf und die Keimzelle zum Walkürenritt scheinen aus jenen frühen Tagen zu stammen.

Franz Liszt,
der große Pianist und Komponist, Wagners Freund
und späterer Schwiegervater

GESCHICHTE DES WERKES

Da tritt die mächtige Gestalt Franz Liszts immer bedeutungsvoller in sein Leben. Ihm hat er die Uraufführung des *Lohengrin* anvertraut (die unter Liszts Leitung am 28. August 1850 im Weimarer Hoftheater stattfand), ihm verdankte er die geglückte Flucht aus Deutschland, und an ihn wendet er sich nun immer wieder, so oft schwierige Lebensumstände ihn bedrücken und seine Schöpferkraft bedrohen. Und das wird in den kommenden Jahren nicht selten der Fall sein. Liszt hilft immer. Er hilft nicht nur Wagner, dessen Genie er längst erkannt hat, er unterstützt auch viele andere; er wird zu einer Art rettendem Leuchtturm für zahlreiche Musiker Europas. Daß Wagner von Liszts weltmännischem, mit starken Geistes- und Herzensgaben ausgestattetem Wesen hingerissen ist, bedarf keiner Erklärung. Er verehrt eine Größe, die stets alle Hilfe bedingungslos zur Verfügung stellen wird. Sätze wie *Dein Lohengrin ist von Anfang bis Ende ein erhabenes Werk. Bei mancher Stelle sind mir die Tränen aus dem Herzen gekommen*, verbunden mit namhaften Geldzuwendungen (die der taktvolle Liszt als offiziellen Vorschuß auf die zu erwartenden Tantiemen für *Lohengrin* zu tarnen liebte), hätten auch weniger entflammbare Gemüter als das Richard Wagners in hellste Begeisterung versetzt: *Alles, was ich mir wünsche, ist das Glück, mit Dir zusammen und Dein zu sein, Herz und Seele...*

Als nun Liszt in einen seiner Briefe den Satz einfließen läßt: *Und wann kommt »Siegfried«?*, bedeutet das für Wagner einen starken Anstoß zur Wiederaufnahme der Arbeit. Aber sein Sinn ist im Augenblick mehr auf die literarische als auf die musikalische Tätigkeit gerichtet. Die Aussicht auf notwendige Erweiterungen von *Siegfrieds Tod* nimmt ihn immer stärker gefangen. Er vertieft sich in die *Edda*, in das *Nibelungenlied*, erweitert den Gedankenkreis, der ihn nun mit den Vorgängen von Siegfrieds Verwirrung und Tod beschäftigt, auch auf andere Quellen und beginnt, jene kühnen Zusammenhänge zu schaffen, die aus dem *Ring des Nibelungen* ein ungeheures Spiel von Mächten des Himmels und der Erde machen. Der heroische Schwung, der die Schöpfung von *Siegfrieds Tod* begleitet hat, weicht allerdings immer mehr einem Zustand wachsender Vertiefung, den man auf verschiedene Weise erklären kann: Hier kann die Entscheidung über die fehlgeschlagene Revolution mitspielen, steigende Bitternis über den Egoismus und Materialismus breiter Schichten, die sich große, ferne Ziele durch kleine, sichtbare Vorteile abkaufen lassen. Es kann hier Wagners Übergang vom Optimisten zum Pessimisten sichtbar werden, zu dem noch bald Schopenhauers Lehren beitragen werden. Aber, ist Wagner wirklich jemals ein Optimist gewesen? Über diesen Punkt könnte und müßte man lange grübeln. Zwar enden seine Werke fast nie mit einer endgültigen Tragödie: der Fliegende Holländer wird durch Sentas Liebe erlöst, ihrer beider Tod läßt sie in einer Apotheose zum Himmel aufsteigen. Tannhäusers Tod bedeutet ebenfalls Erlösung; denn über seine Leiche senkt sich der frisch grünende Bischofsstab als Symbol von Gottes Verzeihung. Und Lohengrins Abschied wird durch die Heimkehr des Thronerben Gottfried verklärt. Es gibt also bei Wagner über das als tragisch empfundene Theaterende hinaus stets einen Lichtschimmer. Mit so einfachen Begriffen wie Optimismus und Pessimismus ist einem komplexen, im Zeichen der Zwillinge geborenen, dazu genial schöpferischen Menschen wie Wagner nicht beizukommen.

Der Ansturm neuer Gedanken zu dem entstehenden Nibelungendrama birgt seine Probleme, mit denen Wagner viele Jahre zu kämpfen haben wird. Nicht alles, was ihm nun wichtig erscheint, fügt sich nahtlos in das bisherige Bild. Es wird bis zum heutigen Tage darüber gestritten, ob *Der Ring des Nibelungen* wirklich strengster logischer Analyse standhalten kann. Daß er als dichterische Einheit vollendet genannt werden darf, steht hingegen wohl außer Zweifel. Und dasselbe gilt von seiner Musik (wie aus der musikalischen Analyse unseres Buches hervorgehen dürfte).

Je weiter Wagner sich in sein Thema vertieft, desto mehr rückt er von den Begriffen des gewöhnlichen Theaterbetriebes ab. Wie er schon in den Dresdener Gesprächen mit dem bedeutenden Bühnenfachmann Devrient andeutet, wird ihm immer klarer, daß dieses Werk den üblichen Rahmen der Opernbühnen sprengen müsse. Ihm beginnt ein Theater vorzuschweben, das Ausnahmecharakter besitzt, eine Art »Festspiel«, das sich nur einem oder ganz wenigen auserlesenen Werken widmet, diese in vollendeter Weise zur Darstellung bringt und niemals in die Routine und Mittelmäßigkeit absinkt. Eine erhebende »Feier«, wenn man es so nennen will, künstlerisches Gegenstück zu religiösen Feiern, zu dem erlebnisbereite, aufgeschlossene Menschen pilgern, wallfahren müßten, wie eben zu etwas Großem, Seltenem, Ungewöhnlichem. Kunst als Heiligtum: Wagner sagt es nicht wörtlich, aber diese Worte drücken seine Auffassung aus und werden zum Leitgedanken seiner Anhänger. Wagner, der wie alle geborenen Anführernaturen die vereinfachenden und dadurch überspitzten Formulierungen liebt, meint damals: wenn er 10000 Taler besäße, würde er aus Brettern ein Theater errichten, dreimal *Siegfrieds Tod* spielen lassen, *worauf dann das Theater abgebrochen wird und die Sache ihr Ende hat.* Einmal setzt er sogar noch hinzu, daß dann auch die Partitur verbrannt werden sollte. Er kommt oft in Gesprächen mit Vertrauten auf diesen Festspielgedanken zurück, der ihn so lange verfolgt, bis er ihn verwirklicht haben wird. Zwar wird das Theater danach nicht abgebrochen und noch weniger die Partitur des Werkes vernichtet werden, aber es ist doch verblüffend, wie, fast zwanzig Jahre vor dem Entstehen des Festspielhauses in Bayreuth, dessen Grundideen hier bereits vorausgedacht sind.

Gegen Ende des Jahres 1850 erwachen Zweifel in Wagner, ob *Siegfrieds Tod* in der von ihm textlich niedergelegten Fassung musikalisch überhaupt ausführbar sei und ein geschlossenes Kunstwerk ergeben könnte. Er denkt viel über das Prinzip des Opernschaffens nach und rückt innerlich ein wenig von seinen drei vorangegangenen Werken ab (von *Rienzi* will er ohnedies längst nicht mehr viel wissen). Er erkennt zwar an, daß *Der fliegende Holländer*, *Tannhäuser* und *Lohengrin* manches Neue enthalten, aber im ganzen erscheinen sie ihm nun doch zu sehr den früheren Grundsätzen des Musiktheaters verhaftet, das er nur noch für die italienische und französische Oper gelten lassen möchte. Er hat zwar das Singspiel überwunden und die gleichzeitige Verwendung von gesungenen und gesprochenen Partien abgeschafft (daß viele seiner deutschen Zeitgenossen noch an dieser Form erfolgreich festhalten, berührt ihn nicht). Er hat auch dem Orchester neue, »tonmalerische« Funktionen zugedacht, er verzichtet auf die »Arie«, jenen von ihm als unnatürlich empfundenen »Monolog«, der so oft aus der dramatischen Handlung fällt und fast mehr zum Publikum gesungen wird als zum Partner. Er hat Duette und andere Ensembles nach Möglichkeit eingeschränkt, da er gleichzeitiges Singen für unlogisch hält – mit Ausnahme von Situationen, in denen zwischen den handelnden Personen völlige, vor allem seelische, Übereinstimmung besteht,

Richard Wagner in Zürich
Aquarell von Clementine Stockar-Escher, 1853

wie etwa im Liebesduett Lohengrins und Elsas. Aber er fühlt nun, da er sich theoretisch mit dem Musiktheater und den ihm nötigen Reformen befaßt, daß er erst auf halbem Wege steht und einem »Gesamtkunstwerk« zustreben muß, das im Grunde stets das Ideal nachdenklicher Opernschöpfer gebildet haben dürfte: Er erinnert sich an Monteverdi wie an Gluck. Aus diesem Nachsinnen entsteht eine seiner Hauptschriften: *Oper und Drama*.

Er liest diese Abhandlung an zwölf Abenden einer kleinen Gruppe Zürcher Freunde vor. Und beim Lesen kommen ihm immer neue Gedanken, die auf die Ausgestaltung von *Siegfrieds Tod* Bezug nehmen. Aus anfänglich noch nebelhaften Vorstellungen erwächst allmählich ein Riesengebäude der Leidenschaften, der tragischen Verstrickungen von Schuld und Sühne, von Aufstieg und Niedergang ganzer Geschlechter. Siegfrieds Ermordung ist kein Schlußpunkt mehr; ihm hat ein apokalyptischer Weltuntergang zu folgen, der aber nur begründet ist, wenn sich Siegfried als letztes Glied einer Kette erweist, deren Anfang in Urzeiten zurückgeführt werden muß. Ein mehr als kühnes Unterfangen, der epischen Romanform wohl eher anzupassen als dem Bühnenstück, das ja stets nur Ausschnitte, entscheidende Augenblicke sichtbar machen kann.

Zu einem solchen Unternehmen, wie es Wagner in jenem Jahr 1851 in zuerst losen, dann langsam Zusammenhänge annehmenden Bildern durchzog, fehlte ihm die notwendige Ruhe der Verwirklichung. Mit einem anderen, für Wagner stets und tragisch bedeutungsvollen Wort: das Geld. Er fühlte mit Recht, daß ein Werk wie das, was ihm vorschwebte, nicht in einzelnen Arbeitsstunden bewältigt werden konnte, während immer wieder tägliche Beschäftigungen wie Proben und Dirigieren von Konzerten und Opern, Besuche machen und empfangen, kleinere und größere Reisen und unzählige andere Dinge seinen Gedankenausflug unterbrächen. Wieder wendet er sich an Liszt: *...Die Not drängt mich... Ich wäre somit jetzt in dem Falle, um jeden Preis an Geldverdienst denken zu müssen...* Einer solchen Lage will Liszt ein schöpferisches Genie wie Wagner nicht ausgesetzt wissen. Er bekräftigt in einem aufsehenerregenden Artikel seinen Glauben an den Freund und unterstreicht diese Geste sehr wirkungsvoll durch die Übermittlung mehrerer Geldbeträge an ihn. Hingerissen und mit dem ihn nie verlassenden Pathos dankt Wagner:

...Nun trittst Du wieder zu mir, und hast mich auf eine Weise ergriffen, entzückt, erwärmt und begeistert, daß ich in hellen Tränen schwamm und plötzlich wieder keine höhere Wollust kannte – als Künstler zu sein und Werke zu schaffen. Es ist ganz namenlos, was Du auf mich gewirkt hast: überall sehe ich nur den üppigen Frühling um mich her, keimendes und sprossendes Leben...

Dieser Stimmung entspringt in den wenigen Tagen vom 3. bis zum 10. Mai 1851 die erste Prosaskizze zum *Jungen Siegfried*, dem Werk, das *Siegfrieds Tod* unmittelbar vorausgehen soll. Ein wahrer Schaffensfrühling ist für Wagner angebrochen. Der nunmehr restlos Glückliche besitzt ja, im Unterschied zu nahezu allen anderen Genies, zwei Ebenen, auf denen er seinen ungeheuren Fähigkeiten freien Lauf lassen kann: die dichterische und die musikalische. Ist er intensiv auf der einen tätig, gönnt eine wohltätige Natur der anderen ein kräftespeicherndes Ausruhen. Der Augenblick stärkster dichterischer Verwirklichungen ist gekommen. Zwei Wochen nach Beendigung der Skizzierung, am 24. Mai – Wagner ist zwei Tage zuvor 38 Jahre alt geworden –, beginnt die Arbeit am Prosaentwurf, der stets die folgende Etappe in Wagners Schaffen bedeutet. In einem einzigen Rausch beendet er sie bereits am 1. Juni. Auch dann erfolgt kein Rasten. Nur zwei Tage danach, am 3. Juni, stürzt Wagner sich in die dritte, die letzte Phase der dichterischen Gestaltung: in die Abfassung des Textbuches, das die Grundlage zur Vertonung bilden wird; oft genug ist diese Etappe bereits von musikalischen Ideen begleitet, die Wagner sofort notiert. In genau drei Wochen vollendet Wagner die vollständige Dichtung des *Jungen Siegfried*. Die körperliche Erschöpfung nach einer solchen geistigen Leistung blieb nicht aus, aber sie war in glücklicher Weise mit tiefer künstlerischer Befriedigung verbunden. Ein Arzt riet Wagner zum Kuraufenthalt im kleinen Albisbrunn, das von Zürich in bequemer Wagenfahrt zu erreichen war. Wagner glaubte sein ganzes Leben lang fest an die Heilkräfte des Wassers. In Albisbrunn taten sie ihm sehr wohl, er erholte sich schnell, aber viel wichtiger als die Wiederherstellung seiner körperlichen Kräfte wurde die vielgestaltige künstlerische Inspiration, die hier mit lange nicht mehr erlebter Kraft in ihn drang. In Albisbrunn sah er den endgültigen Plan eines mehr-

GESCHICHTE DES WERKES

teiligen Nibelungendramas in seiner ganzen Größe vor seiner Seele aufsteigen. Er erkannte, daß er Siegfrieds Rheinfahrt, den verhängnisvollen Trank, die daraus hervorbrechende Neigung zu Gutrune, seine Ermordung durch Hagen auf Anstiftung Brünnhildes nicht glaubhaft machen konnte, ohne das Drama seiner Eltern, ohne Siegmunds und Sieglindes herrliche Liebe, Siegmunds Tod unter den tragischen Umständen, die den Gott Wotan mit seiner Lieblingstochter Brünnhilde entzweiten, ohne Brünnhildes von Wotan verhängte, schicksalhafte Bestrafung geschildert zu haben. Vor seinem Geist zeigten sich die Umrisse des Dramas *Die Walküre*. Kaum war dieses Werk gedanklich dem *Jungen Siegfried* vorangestellt, da erkannte Wagner weiter, daß auch dieses Werk noch keinen Beginn, nicht den »Uranfang« darstellte, der die notwendigen Erklärungen zum zwiespältigen Göttervater Wotan liefern könnte: zu seiner Verstrickung in immer unlösbarere Verwirrungen, die eines Tages nicht anders als mit seinem und seiner Weltordnung Untergang enden müßte. Wagners Phantasie baute eine Urwelt von Zwergen, Riesen, Nixen und Göttern im Kampf um die Welt, erfand – aus Andeutungen des *Nibelungenliedes* – einen Ring, in dessen goldenes Rund er symbolisch die Macht, die Habgier, den Fluch, den Tod legen konnte, die allesamt aus einem einzigen, dem furchtbarsten Akt entsprangen: dem Verzicht auf die Liebe. Der *Vorabend* für die drei »Tage« des *Rings des Nibelungen* war geboren: *Das Rheingold*.

Zwei in Albisbrunn geschriebene Briefe sind von hoher Bedeutung und sollen hier Platz finden. Der eine ist vom 12. November 1851 und geht an den Geiger und Freund Theodor Uhlig. Er ist deutlich auf den in Gedanken erstehenden *Ring des Nibelungen* bezogen:

...Aber noch Eines bestimmte mich zur Erweiterung dieses Planes: die gefühlte Unmöglichkeit, auch den »Jungen Siegfried« nur einigermaßen entsprechend in Weimar – oder sonstwo – aufführen zu können. – Ich mag und kann jetzt nicht mehr die Marter des Halben durchmachen. – Mit dieser meiner neuen Konzeption trete ich gänzlich aus allem Bezug zu unserem heutigen Theater und Publikum heraus: ich breche bestimmt

*und für immer mit der formellen Gegenwart. – Fragst
Du mich nun, was ich mit meinem Plane vorhabe? –
Zunächst ihn ausführen, soweit es in meinem dichte-
rischen und musikalischen Vermögen steht: dies wird
mich mindestens drei volle Jahre beschäftigen...
An eine Aufführung kann ich erst unter ganz anderen
Umständen denken. Am Rheine schlage ich dann ein
Theater auf und lade zu einem großen dramatischen
Feste ein: nach einem Jahre Vorbereitung führe ich dann
im Laufe von vier Tagen mein ganzes Werk auf. So aus-
schweifend dieser Plan ist, so ist es doch der einzige, an
den ich noch mein Leben, Dichten und Trachten setze.
Erlebe ich seine Ausführung, so habe ich herrlich gelebt;
wenn nicht, so starb ich für was Schönes. Nur dies aber
kann mich noch erfreuen!*

Es lohnt sich, dieses Schreiben zu kommentieren. Wagner rechnet mit einer Ausführungszeit von drei Jahren für die Fertigstellung des für vier Abende vorgesehenen Werkes, von dem ungefähr die Hälfte gedichtet, aber noch so gut wie nichts komponiert war. Er glaubt also an ein ruhig-intensives Schaffen während langer Zeit, ohne Störungen, Unterbrechungen und in bester seelischer Verfassung. Das bedeutet eine überraschende Zuversicht angesichts vieler widriger Umstände: Das Exil befindet sich in zwar freundlicher, aber doch irgendwie fremder Umgebung; an seiner Seite lebt die alltäglich gewordene, keine Inspiration mehr vermittelnde Gattin, die finanzielle Lage ist höchst ungewiß. Andererseits beweist der Brief, daß nichts im Denken Wagners den Glauben an die eigene Schöpferkraft untergraben konnte: Dazu war er geboren, das war seine Mission auf dieser Welt, und dieser Aufgabe mußte sich alles unterordnen, ja ordnete sich alles unter, in ihm und – davon war er überzeugt – auch außerhalb von ihm. Er sollte recht behalten. Recht auch in dem hier wieder stark betonten Festspielgedanken. Ziemlich natürlich denkt er sich sein künftiges Festspielhaus am Rhein. Um diesen Strom kreisen nun seine Gedanken mit besonderer Phantasie, hier wird das Gold liegen, das Alberich raubt und zum weltbeherrschenden Ring zwingt, an diesen Ufern landet Siegfried zu seinen letzten, großen Abenteuern, und hier wird er ermordet und in einer ungeheuren Totenfeier verbrannt, in letzter, heiliger Vereinigung durch die Flammen mit der Frau, die als einzige ihm wahre Gefährtin sein konnte (nur ein böser Trank mußte die Liebe zu ihr zeitweise in ihm auslöschen). Der Theaterpraktiker in ihm rechnet, wenn das gewaltige Werk fertig sei, recht realistisch mit einem Jahr Vorbereitungszeit. Er wußte, daß er da eine neue Welt in Bildern und Tönen schuf und daß die üblichen Zeiträume für Einstudierungen »gewöhnlicher« Opern – vierzehn Tage, drei Wochen, ein Monat – von vornherein unvorstellbar und vor allem seines Werkes unwürdig wären.

Die Aufführung des *Rings des Nibelungen* an vier aufeinanderfolgenden Tagen wird sich allerdings als Utopie erweisen: Einer solchen geballten Kraftanstrengung gehen selbst heute, da es sich um ein über hundertjähriges Werk und keine Novität mehr handelt, sogar die leistungsfähigsten Bühnen wohlweislich aus dem Wege. Dem Laien mag es schwer zu erklären sein, welche Anstrengung für einen Dirigenten und ein hundertköpfiges Orchester darin läge, unter vollstem körperlichem, geistigem und seelischem Einsatz an vier aufeinanderfolgenden Abenden gerade dieses höchste Hingabe erfordernde Werk wiederzugeben. Die Idealbesetzung wäre sängerisch zudem die, daß etwa die Gestalt Wotans an jedem der drei Abende, die seine Gestalt auf der Bühne verlangten, vom selben Darsteller interpretiert werde, vor allem aber, die anstrengende Partie des Siegfried – die in zwei aufeinanderfolgenden Werken vorkommt – demselben Sänger anzuvertrauen.

Doch trotz dieser Einwände soll schon hier festgehalten sein, daß Wagner auch in diesem Punkt seiner damaligen Idealvorstellung sehr nahe kommen wird: Die Uraufführungsdaten des *Rings des Nibelungen* werden der 13., 14., 16. und 17. August 1876 sein, also mit nur einem einzigen Tag Pause innerhalb des Unternehmens, das damals beinahe unvorstellbaren Charakter trug...

Doch kehren wir, um den zweiten Brief aus jenen Tagen zu zitieren, von dieser ein Vierteljahrhundert in die Zukunft weisenden Vision zurück in Wagners Albisbrunner Tage. Ungefähr eine Woche nach diesem Brief an Uhlig geht, am 20. November 1851, ein langes Schreiben an Liszt ab:

GESCHICHTE DES WERKES

...Im Herbste des Jahres 1848 entwarf ich zuerst den vollständigen Mythos von den Nibelungen, wie er mir als dichterisches Eigentum fortan angehört. Ein nächster Versuch, eine Hauptkatastrophe der großen Handlung für unser Theater als Drama zu geben, war »Siegfrieds Tod«. Nach langem Schwanken war ich im Herbst 1850 endlich im Begriffe, die musikalische Ausführung dieses Dramas zu entwerfen, als mich zunächst die wiederum erkannte Unmöglichkeit, es irgendwo genügend dargestellt zu wissen, von dem Beginnen abbrachte. Um mich dieser verzweifelten Stimmung zu entledigen, schrieb ich das Buch »Oper und Drama«. »Siegfrieds Tod« aber, das wußte ich, war zunächst unmöglich. Ich sah ein, daß ich durch ein anderes Drama erst auf ihn vorbereiten mußte, und so ergriff ich einen schon länger gehegten Plan, den »Jungen Siegfried« zunächst zum Gegenstande einer Dichtung zu machen; in ihm sollte alles, was in »Siegfrieds Tod« teils erzählt, teils als halbbekannt vorausgesetzt wird, in frischen, heiteren Zügen durch wirkliche Darstellung vorgeführt werden. Schnell war diese Dichtung entworfen und vollendet... Auch dieser »Junge Siegfried« ist nur ein Bruchstück, und nicht anders kann es als einzelnes Ganzes seinen richtigen und zweifellosen Eindruck machen, als bis es in dem vollständigen Ganzen seinen notwendigen Platz erhält, den ich ihm – meinem nun gefaßten Plane gemäß – mit »Siegfrieds Tod« zugleich anweise. In diesen beiden Dramen blieb eine Fülle notwendiger Beziehungen einzig der Erzählung oder gar der Kombination des Zuhörers überlassen: alles das, was der Handlung und den Personen dieser beiden Dramen erst die unendlich ergreifende, weithin wirkende Bedeutung gibt, mußte in der Darstellung ungegenwärtig gelassen und nur dem Gedanken mitgeteilt werden. Meiner nun gewonnenen Überzeugung nach kann aber ein Kunstwerk – und dehalb eben bloß das Drama – nur dann seine richtige Wirkung haben, wenn die dichterische Absicht in allen ihren irgend wichtigen Momenten vollständig an die Sinne mitgeteilt wird; und gerade ich darf und kann jetzt am allerwenigsten gegen die von mir

erkannte Wahrheit sündigen. Ich muß daher meinen ganzen Mythos, nach seiner tiefsten und weitesten Bedeutung, in höchster künstlerischer Deutlichkeit mitteilen, um vollständig verstanden zu werden. Nichts darf von ihm irgendwie zur Ergänzung durch den Gedanken, durch die Reflexion übrig bleiben: jedes unbefangene menschliche Gefühl muß durch seine künstlerischen Wahrnehmungsorgane das Ganze begreifen können, weil es dann auch erst das Einzelnste richtig in sich aufnehmen kann. Zwei Hauptmomente bleiben mir daher aus meinem Mythos noch zur Darstellung übrig, und diese sind beide im »Jungen Siegfried« angedeutet: der erste in der längeren Erzählung der Brünnhilde nach ihrer Erweckung (3. Akt), der zweite in der Szene zwischen Alberich und dem Wanderer im zweiten und zwischen dem Wanderer umd Mime im ersten Akt. Daß mich aber nicht nur die künstlerische Reflexion, sondern namentlich auch der herrliche und für die Darstellung ungemein ergiebige Stoff jener Momente selbst hierin bestimmt hat, das kannst Du Dir leicht vergegenwärtigen, wenn Du jenen Stoff näher in Augenschein nimmst. – Denke Dir die wunderbar unheilvolle Liebe Siegmunds und Sieglindes; Wotan in seinem tief geheimnisvollen Verhältnisse zu dieser Liebe; dann in seiner Entzweiung mit Fricka, in seiner wütenden Selbstbezwingung, als er – der Sitte zuliebe – Siegmunds Tod verhängt; endlich die herrliche Walküre, Brünnhilde, wie sie – Wotans innersten Gedanken erratend – dem Gotte trotzt und von ihm bestraft wird. – Denke Dir diesen Reichtum von Anregung, wie ich ihn in der Szene zwischen dem Wanderer und der Wala, dann aber – breiter – in der erwähnten Erzählung Brünnhildes andeute, als Stoff eines Dramas, welches den beiden »Siegfrieden« vorangeht, und Du wirst begreifen, daß nicht etwa bloß Reflexion, sondern namentlich Begeisterung meinen neuesten Plan mir eingab! Dieser Plan geht nun auf drei Dramen aus: 1 »Die Walküre«, 2. »Der junge Siegfried«, 3. »Siegfrieds Tod«. – Um alles vollständig zu geben, muß diesen drei Dramen aber noch ein großes Vorspiel vorangehen: »Der

Raub des Rheingoldes«. Es hat zum Gegenstand die vollständige Darstellung alles dessen, was in Bezug auf diesen Raub, die Enstehung des Nibelungenhortes, die Entführung dieses Hortes durch Wotan und den Fluch Alberichs im »Jungen Siegfried« erzählenderweise vorkommt. Bei der hierdurch ermöglichten Deutlichkeit der Darstellung gewinne ich nun – indem zugleich alles, jetzt so Breite, Erzählungsartige vollständig hinwegfällt oder doch zu ganz bündigen Momenten zusammengedrängt wird – hinreichenden Raum, um die Fülle der Beziehungen auf das Ergreifendste zu steigern, während ich bei der früheren, halb epischen Darstellung alles mühsam beschneiden und entkräften mußte...

Das ist, mit Wagners eigenen Worten, der erste vollständige Entwurf des *Rings des Nibelungen*. Manches wird daran noch im Verlaufe der mehr als zwanzigjährigen Entstehungsgeschichte verändert, vertieft, in vorläufig ungeahnte Beziehungen gesetzt werden, aber der Riesenbau steht nun, im herbstlichen Albisbrunn des Jahres 1851, groß und erhaben vor Wagners Phantasie, so wie die von den Riesen soeben vollendete Götterburg Walhall eines Tages aus den Nebeln vor Wotan auftauchen wird, erträumt und geahnt, von seiner Vorstellungskraft in die Wirklichkeit gezwungen. Die Tetralogie in ihrer riesigen Ausdehnung über Zeiträume, Weltalter, Gestalten und Symbole war der Kühnheit eines schöpferischen Geistes aufgegangen und wartete nur noch, in Ausweitung aller seit Jahrhunderten geltenden Bühnenvorstellungen, auf das irdische Leben, das ein Genie ihr einhauchen würde.

Liszt muß von diesem Brief und seinen Enthüllungen stark berührt worden sein. Auch er ein Genie, für das es zwischen Traum und Wirklichkeit, zwischen Plan und Gestaltung keine wirklichen, trennenden Grenzen geben konnte, verstand zutiefst, um was es dem Freunde in diesem Lebenswerk ging. Begeistert antwortete er: *...Dein Brief, mein herrlicher Freund, hat mich hocherfreut. Du bist auf einem außerordentlichen Wege zu einem außerordentlich großen Ziele gelangt... Mache Dich nur heran, und arbeite ganz rücksichtslos an Deinem Werke...* Ein interessanter Satz, der sicherlich ganz auf Wagners Schaffensweise und Lebensart zugeschnitten ist: rücksichtslos. Hat Liszt längst erkannt – noch lange bevor er des künftigen Schwiegersohnes Rücksichtslosigkeit und Unnachgiebigkeit in allem, was ihm lebens-, schaffenswichtig ist, am eigenen Leib erfahren wird –, wie Wagner keine Bedenken kennt, wenn es das Schaffen gilt? Er selbst ist nicht so veranlagt, nicht ganz so hart, keineswegs rücksichtslos, aber verständnisvoll genug, um zu fühlen, daß es dieser »Rücksichtslosigkeit« bedarf, um ein überlebensgroßes Werk zu schaffen, wie jenes, das Wagner zu schaffen bestimmt war. Liszt setzt noch ein paar schöne Sätze hinzu: er, der tief gottesgläubige Geist, vergleicht Wagners geplante Tetralogie mit einer großartigen Kathedrale – jener von Sevilla –, die zu kühn in der Anlage schien, bis sie eines Tages eben doch verwirklicht dastand...

Das Jahr 1852 wird für die Arbeit an der Tetralogie bedeutungsvoll. Die Albisbrunner Pläne nehmen nun in Zürich Gestalt an. Vom 23. bis 31. März schreibt Wagner den Prosaentwurf zum *Rheingold* nieder; zwei Monate später, vom 17. bis 26. Mai, jenen zur *Walküre*, worüber er an den Freund Uhlig berichtet:

Jetzt habe ich auch den vollständigen Entwurf zur »Walküre« fertig: morgen gehts an die Verse. Ich bin wieder mehr wie je ergriffen von der umfassenden Großartigkeit und Schönheit meines Stoffes; meine ganze Weltanschauung hat in ihm ihren vollendetsten künstlerischen Ausdruck gefunden...

Wirklich? Ließe Wagners *ganze Weltanschauung* sich im Textbuch der *Walküre* nachlesen? Das ergäbe eine fesselnde Untersuchung, für die hier, bei Darstellung der geschichtlichen Zusammenhänge, kein Raum sein kann.

Auch in diesem Brief blickt Wagner wieder in die Zukunft: *...Sind die Verse fertig, so werde ich wieder ganz Musiker, um – dann dereinst nur noch – Aufführer zu sein!* Der Augenblick ist tatsächlich nicht mehr fern, in dem der Dichter Wagner wieder ganz zum Musiker werden wird. *Nur noch Aufführer* wird er aber doch nie werden, denn als die große Epoche der szenischen Verwirklichung der Tetralogie kommen wird, beschäftigt seine Phantasie sich mit dem letzten seiner Werke, dem *Parsifal*.

Wiederum an Liszt richtet Wagner am 2. Juli 1852 diese Zeilen:

...Die beiden Siegfriede müssen jetzt stark überarbeitet werden, namentlich in allem, was den eigentlichen Göttermythos betrifft, denn dieser hat nun eine allerdings viel präzisere und ergreifendere Physiognomie gewonnen. Auf die Musik freue ich mich doch gewaltig!

Als die intensive Arbeit wiederum Ermüdungserscheinungen hervorruft, ergreift der unstete, nach immer neuen Eindrücken begierige Zwillingsgeborene (symbolisch) den Wanderstab. Quer durch die Schweiz geht es südwärts, über Interlaken ins Formazzatal, nach Domodossola und zu einigen der schönsten Plätze am Lago Maggiore. Die Borromäischen Inseln beeindrucken ihn so tief, daß er von Lugano aus nochmals zu ihnen zurückkehrt, bevor er, nun mit der Gattin Minna, über den Simplon nach Chamonix und Genf fährt und am 5. August 1852 wieder zuhause in Zürich ankommt. Gegen eine neuerliche Depression, die ihn Anfang September befällt – die so nordische Sehnsucht nach blauen Gestaden, Palmen unter wärmender Sonne, zauberhaften Sommernächten wirkt nach –, setzt er nun sein stärkstes Mittel ein: die schöpferische Arbeit. Vom 15. September bis zum 3. November 1852 legt er die gesamte *Rheingold*-Dichtung nieder. Und dann geht es in einem wahren Begeisterungssturm weiter: am 12. November notiert Wagner in ein Album jenes Motiv, zu dem die Walküren durch die Lüfte jagen werden; dieser äußerst prägnante Gedanke scheint bereits seit 1849 in noch unentwickelterer Form seine Phantasie belebt zu haben, nun wird endgültig das wuchtige, aufwärtsstrebende Molldreiklangsmotiv in jagenden Triolen daraus, das den Hörer in der Orchestereinleitung zum dritten Akt der *Walküre* vom Sitz reißen wird.

Am 15. Dezember 1852 ist die gewaltige Dichtung aller vier Dramen, der Tetralogie vom *Ring des Nibelungen*, abgeschlossen. Wagner zögert kaum drei Tage, bevor er sie zunächst den engsten Freunden vorliest. Er hat Georg Herwegh, den feurigen Dichter und Wortführer einer »jungdeutschen« Bewegung jener »vormärzlichen« Zeiten, seit einiger Zeit besonders in sein Herz geschlossen und ruft ihn nun rasch zu sich. Gemeinsam begeben sie sich in das Heim der vertrauten Familie Wille, die in Mariafeld ein schönes Haus besitzt, vor den Toren Zürichs am Sonnenufer des idyllischen Sees nahe von Meilen gelegen. Eliza Wille

GESCHICHTE DES WERKES

führt selbst eine begabte Feder und erweist sich in Wagners schwierigen Exilzeiten des öfteren als wohltätige, freundliche Hilfe voll Verständnis und Einfühlungsgabe. Am 18. November liest Wagner dem kleinen, aber wahrhaft interessierten Freundeskreis den *Raub des Rheingolds* und *Die Walküre* vor. Keine kleine Leistung; Wagner muß ein großartiger Vorleser, Vortragender seiner eigenen Werke gewesen sein. Keiner, der je einer seiner Rezitationen beiwohnte, konnte sich seinem Bann entziehen. Man ging spät schlafen an jenem 18. November, und man stand am 19. früh auf; denn man fieberte der Fortsetzung entgegen: Am Vormittag las Wagner den *Jungen Siegfried* und abends *Siegfrieds Tod*. In der über ein Jahrzehnt später geschriebenen (oder diktierten) Autobiographie *Mein Leben* erinnert Wagner sich jenes Ereignisses und seiner Wirkung: die anwesenden Frauen hätten sich »in anständiger Erregung jedes Gesprächs darüber begeben«, was in Wagners oft etwas gesuchter Prosa so mehrdeutig sein kann wie manche Stelle im *Ring des Nibelungen*. Lesen wir weiter:

Mir verblieb leider eine fast beängstigende Aufregung davon; ich war schlaflos und des andren Tages gegen jede Unterhaltung so scheu, daß niemand meinen eiligen Abschied begriff. Nur Herwegh, welcher mich zurückbegleitete, schien meine Stimmung zu empfinden und teilte sie durch gleiches Schweigen...

Die erste Lesung dieses Riesendramas, in dem ein gutes Dutzend verschiedener Dramen beschlossen liegt, erschütterte vor allem den Autor. Das erscheint begreiflich angesichts eines Werkes, von dem er sagen konnte: *Das Gedicht enthält alles, was ich kann und habe...* Und nicht minder darum, weil er während des Vortragens schon etwas von dem erlebte, was es noch gar nicht in der sogenannten »Wirklichkeit« gab: die Musik zu diesem ungeheuren Werk.

Über dieses Drama oder »Gedicht« sind wohl Bibliotheken geschrieben worden. Ein Werk war entstanden, das buchstäblich »die ganze Welt« umspannt, zeitlich wie örtlich in riesigen Dimensionen angesiedelt ist, alle Gefühle durchläuft, die man »menschlich« nennt, die hier aber mit Lebewesen aller erdenklichen Art – selbst einem Drachen und einem Waldvöglein –

identifiziert werden; eine kosmische Schau, die einen Vergleich nur mit wenigen Schöpfungen des menschlichen Geistes erlaubt. Steht sie Goethes *Faust* nahe, wie manchmal behauptet wird? Ein Vergleich verliert sich in philosophische, metaphysische Abgründe. Eines nur war beiden Schöpfern schon im beglückenden Schöpfungsaugenblick klar: daß es unter den in ihrer Umwelt herrschenden Bedingungen zu keiner Verwirklichung auf dem Theater kommen konnte. Anders aber als der alternde Dichterfürst von Weimar, der solchen Ambitionen längst entwachsen war, ließ dies Wagner keine Ruhe. Immer wieder kehrten seine Gedanken und Pläne zu neuen, neuartigen Lösungen des Problems zurück. Damit wollte er nicht nur seinen Werken einen Rahmen bieten, der sie von vornherein über alles Bestehende hinaushob, es reizte ihn auch, dem ihm so verhaßten »etablierten« Theater, dem »Betrieb«, der die Kunst notwendig verflachen ließ, einen, wenn möglich, tödlichen Stoß zu versetzen. Festspiel statt Stadttheater: Wie »modern« war er!

Solange diese Ideen jedoch keine klaren, verwirklichungsfähigen Umrisse annahmen, wollte er seinen *Ring des Nibelungen* durch Lesung im Freundeskreis, durch Verbreitung im Privatdruck in die Welt tragen und ihm damit eine Anhängerschaft sichern, innerhalb derer vielleicht tatkräftige Männer oder – warum nicht? – Frauen ihm einmal dabei behilflich sein könnten, den großen Traum wahr zu machen.

Vorher allerdings war noch etwas Entscheidendes zu tun: *Der Ring des Nibelungen* mußte vertont werden. Im Augenblick bestand er aus einem vier Theaterabende füllenden Poem, das deutlich im Hinblick auf Musik geschaffen war, ja erst dann seinen wahren Wert erweisen mußte, und einigen wenigen musikalischen Skizzen. Diese in eine fünfzehnstündige Folge von dahinströmenden Orchesterklängen und mehreren Dutzend Singstimmen auszubauen, bedeutete eine Aufgabe von fast übermenschlichem Ausmaß. Aber Wagner hatte längst den alten Satz völlig in seine Seele aufgenommen, demzufolge es nur einen Weg gab, ein großes Werk zu vollenden: es zu beginnen.

Zu Beginn des Jahres 1853 – es wird Wagners 40. Geburtstag bringen – läßt er den *Ring des Nibelungen* in 50 Exemplaren drucken. Natürlich geht eines davon sofort an Liszt, den weltberühmten Freund, der auf der Altenburg bei Weimar residiert und Mittelpunkt eines bedeutenden Teils der musikalischen Welt ist. Ob Wagner manchmal bewußt wird, wie sehr sich Liszts Situation von der eigenen abhebt? Er sieht den Vergötterten, selbst von seinen wenigen Feinden achtungsvoll Behandelten, in glänzender Stellung als fürstlichen Vertrauensmann, dem auf europaweiten Konzerttourneen unzählbare Menschen begeisterte Huldigungen darbrachten und der über genügend Mittel verfügte, nicht nur als Grandseigneur zu leben, sondern vielen Bedürftigen beizustehen. Und er sieht sich selbst: in engen Verhältnissen, die entscheidend zu ändern ihm unmöglich scheint, in einem Exil, das ihn der örtlichen Enge wegen – gegenüber dem weiten Vaterland, in das er nicht zurückkehren darf – trotz aller Freundlichkeit der Umgebung immer wieder bedrückt, von wenigen Getreuen anerkannt und verehrt, von Ungezählten aber verlacht und nicht ernst genommen, von vielen »Maßgebenden« als Nicht-Dichter, Nicht-Musiker abgekanzelt. Aus dieser Lage gab es nur einen Weg: das Schaffen. Es hob ihn während der seligen Stunden, die er damit zubrachte, hoch über die rauhe Wirklichkeit. Und es gab ihm immer wieder die Gewißheit seines künftigen Triumphes. Er mochte an vielem zweifeln, verzweifeln, an sein Genie glaubte er felsenfest.

Und er konnte seinen Blick nicht nur aufwärts richten zu jenen, die im Lichte thronten, wie Liszt. Ein Exemplar seines Nibelungenpoems ging auch hinab, zu einem von denen, die unglücklicher waren als er selbst. Sein enger Dresdener Freund August Röckel war, während Wagner flüchten konnte, seiner führenden Rolle in der Revolution wegen festgenommen worden. Das gegen ihn ausgesprochene Todesurteil wurde in lebenslängliche Haft umgewandelt. In den Kerker Röckels ging mancher Brief Wagners, nun auch dieser, der sich auf das gleichzeitig gesendete Exemplar des *Rings des Nibelungen* bezog:

...Wir müssen sterben lernen, und zwar sterben im vollständigen Sinne des Wortes. Die Furcht vor dem Ende ist der Quell aller Lieblosigkeit, und sie erzeugt sich nur da, wo selbst bereits die Liebe erbleicht. Wie ging es zu, daß diese höchste Beseligerin alles Lebenden dem menschlichen Geschlechte so weit entschwand, daß dieses endlich alles, was es tat, einrichtete und gründete,

*nur noch aus Furcht vor dem Ende erfand? – Mein
Gedicht zeigt es. – Es zeigt die Natur in ihrer unentstell-
ten Wahrheit, mit allen ihren vorhandenen Gegensätzen,
die in ihren unendlich mannigfachen Begegnungen auch
das gegenseitig sich Abstoßende enthalten. – Nicht, daß
Alberich von den Rheintöchtern abgestoßen*[1] *wurde –
was diesen ganz natürlich war – ist der entscheidende
Quell des Unheils; Alberich und sein Ring konnten den
Göttern nichts schaden, wenn diese nicht bereits für das
Unheil empfänglich waren. – Wo liegt nun der Keim
dieses Unheils? Siehe die erste Szene zwischen Wotan
und Fricka*[2]*, die endlich bis zu der Szene im zweiten Akt
der »Walküre« führt. Das feste Band, das beide bindet,
entsprungen dem willkürlichen Irrtume der Liebe, über
den notwendigen Wechsel hinaus sich zu verlängern, sich
gegenseitig zu gewährleisten, diesem Entgegentreten dem
ewig Neuen und Wechselvollen der Erscheinungswelt –
bringt beide Verbundene bis zur gegenseitigen Qual der
Lieblosigkeit. – Der Fortgang des ganzen Gedichtes
zeigt demnach die Notwendigkeit, den Wechsel, die
Mannigfaltigkeit, die Vielheit, die ewige Neuheit der
Wirklichkeit und des Lebens anzuerkennen und ihr zu
weichen. Wotan schwingt sich bis zu der tragischen Höhe,
seinen Untergang – zu wollen – Dies ist alles, was
wir aus der Geschichte der Menschheit zu lernen haben:
das Notwendige zu wollen und selbst zu vollbringen. – Das Schöpfungswerk dieses höchsten, selbstver-
nichtenden Willens ist der endlich gewonnene, furcht-
lose, stets liebende Mensch: Siegfried. – Das ist
alles! ... Auch Siegfried allein (der Mann allein) ist nicht
der vollkommene »Mensch«: er ist nur die Hälfte: erst
mit Brünhilde*[3] *wird er zum Erlöser. Nicht Einer kann
alles; es bedarf vieler, und das leidende, sich opfernde
Weib wird endlich die wahre wissende Erlöserin: denn
die Liebe ist eigentlich »das ewig Weibliche« selbst...*

[1] im Sinne von »zurückgestoßen«
[2] im *Rheingold*
[3] Richard Wagner schreibt zunächst den Namen nur mit einem »n«, später dann »Brünnhilde«.

GESCHICHTE DES WERKES

Im Februar 1853 veranstaltet Wagner eine Vorlesung seines *Rings des Nibelungen* vor einem größeren Kreise. Er lädt *in einen großen und eleganten Saal* (wie er in seinen Erinnerungen schreibt) des Zürcher Nobelhotels »Baur au Lac«. Dort trägt er am 16. Februar *Das Rheingold* vor und erkältet sich bei dieser Gelegenheit stark. Am folgenden Morgen erwachte er *in völliger katarrhalischer Heiserkeit*. Schnell war sein Hausarzt zur Stelle, Dr. Rahn-Escher, der schon seit einiger Zeit einen wohltätigen Einfluß auf Wagner ausübte. Er war zwar mit der Selbstmedikation seines Patienten nicht recht einverstanden und besaß weniger Vertrauen als dieser in alle Arten innerlicher wie äußerlicher Wasserkuren bei jeder Gelegenheit, aber er wußte den etwas schwierigen Wagner recht klug zu führen. In *Mein Leben* lesen wir über die Ereignisse an jenem Morgen: *Meinem Arzt erklärte ich sogleich, das Ausfallen der Vorlesung würde mich außerordentlich affizieren; was sei nun anzufangen, um diese Heiserkeit schnell von mir zu schaffen?* Dr. Rahn-Escher wußte das Richtige: Wagner mußte sich den ganzen Tag über *nur ganz ruhig verhalten, am Abend warm eingehüllt mich nach dem Vorlesungs-Lokale bringen lassen und dort ein paar Tassen leichten Tees zu mir nehmen; das übrige würde sich schon ganz von selbst finden, wogegen ich allerdings leicht ernstlicher erkranken dürfte, wenn der Kummer über meine mißglückte Unternehmung mich erfasse...* Ein wahrhaft »moderner« Arzt, der mit der Psychosomatik – die es dem Namen nach noch gar nicht gab – so gut vertraut war!

Wie vorausgesagt, ging auch der zweite Abend – am 17. Februar 1853 – gut vonstatten. Zu Wagners Überraschung waren nicht nur die geladenen Gäste vom Vorabend vollzählig wieder erschienen, es hatte der Kreis der Zuhörer sogar zugenommen, und dies sollte an den beiden restlichen Abenden, dem 18. und 19. Februar, in noch verstärktem Maße geschehen. Wagner erwies sich, wie oft zuvor und viel öfter nachher, als blendender Leser und Darsteller, unter dessen Stimme und Händen die verschiedenartigsten Szenen vor dem Publikum geradezu bildhaft und plastisch erschienen. Mit seiner Wirkung war er zufrieden, sie *schien eine durchaus günstige, es waren die ernstesten Männer der Universität und der Regierung, von welchen ich die anerkennendsten Beteuerungen, ja selbst gute Äußerun-*

gen über das Verständnis meines Gedichtes und der damit verbundenen künstlerischen Intentionen gewann...

Und doch fehlte immer noch, wie schon erwähnt, das Wichtigste: die Musik. Das Gerüst stand, und das war, besonders bei diesem komplexen Werk voll Figuren und Situationen, außerordentlich viel. Trotzdem blieb es ein Torso, solange das sinnliche Element der Töne dem Geist und Verstand, der Dichtung, nicht die Flügel verlieh, mit denen sie der Erdenschwere endgültig entfliehen konnten. Schon die Vorfreude auf diese Komposition erregte Wagner zutiefst, während einzelne musikalische Motive in seiner Phantasie Form anzunehmen begannen. So konnte er an den Freund Liszt schreiben:

...Nie war ich so einig mit mir über die musikalische Ausführung, als ich es jetzt und in bezug auf diese Dichtung bin. Ich bedarf nur des nötigen Lebensreizes, um zu dieser unerläßlichen heiteren Stimmung zu gelangen, aus der mir die Motive willig und freudig hervorquellen sollen...

Der rational unerklärlichen Ereignisse gibt es in Wagners Leben so viele, daß selbst dem Ungläubigsten sich das Wort »Wunder« aufdrängen muß, wenn er sie nicht, völlig unzulänglich, als »Zufall« hinstellen will. Wagner bedarf, wie er soeben Liszt mitteilte, eines *nötigen Lebensreizes*, um beschwingt an die sehnlich erwartete Aufgabe der Vertonung seines größten Werkes zu gehen. Und – dieser *Lebensreiz* tritt wirklich in sein Dasein. Natürlich in Form einer Liebe. Er war ja so bereit, dieses ihn immer wieder packende Erlebnis in sein Leben eindringen zu lassen! In einem Brief an Röckel hatte er kurz zuvor vom *unwillkürlichen Irrtum der Liebe* geschrieben, über *den notwendigen Wechsel hinaus sich zu verlängern*. Das bedeutet, in eine einfachere Fassung gebracht: der Mann – und natürlich nur der Mann – bedarf der Abwechslung in der Liebe, der *Wechsel* (des Liebesobjekts) ist *notwendig*, gewissermaßen Naturgesetz. Minnas, der seit nunmehr 17 Jahren ihm angetrauten Ehegattin, ist Wagner längst überdrüssig, sie langweilt ihn nur noch, selbst im künstlerischen Bereich, wenn sie immer wieder bedauert, daß ihr Mann leider keinen *Rienzi* mehr schreibe, der ihm seinerzeit den wohl stärksten Erfolg seiner Laufbahn beschert und ihn in den festen Posten eines königlich-sächsischen Hofkapellmeisters

GESCHICHTE DES WERKES

gebracht hatte. Hatte Minna ihn je zum Schaffen angeregt? Er konnte es sich heute nicht mehr erklären. Ein paar Mal war sie von Wagners Seite davongelaufen, aber immer wieder zurückgekehrt, wenn er überraschend zärtliche Töne fand, die sie bald darauf als so unecht erkannte wie vieles in seinem Leben. Im Grunde brauchte er sie nur noch, damit sie für ihn koche und ihm seine Hemden bügle. Arme Minna, sie hatte, ohne es zu wollen, das schwerste aller Frauenschicksale erwählt: Gefährtin eines Genies zu sein. Vor jedem Tribunal der Welt hätte sie mit einer Scheidungsklage gegen Wagner recht behalten. Aber das Leben untersteht keiner Gerichtsbarkeit, die nach unparteiischem Anhören von Argumenten zu einem Urteilsspruch käme. Und das Leben des Genies hat vor höheren Instanzen Vorrecht, denn es bereichert die Menschheit...

Der neue und ungewöhnlich starke »Lebensreiz« heißt Mathilde Wesendonck; sie ist die Gattin eines sehr wohlhabenden deutschen Kaufmanns und Großbürgers, der sich seit einiger Zeit in der Schweiz niedergelassen hat. Wagner ist mit dem überaus gewinnenden und ihn aufrichtig hochschätzenden Ehepaar in denkbar angenehme Verbindung getreten. Wesendonck wird Wagner aus mancher materiellen Notlage befreien und sich dabei als Mann von Welt, Geschmack und Kultur erweisen; Mathilde aber wird, mit allen Eigenschaften, die Wagner so an Frauen liebt, zu seiner Muse; es ist kaum so wichtig, wie weit ihre Verbindung im Körperlichen gegangen sein mag, obwohl ein guter – besser: ein schlechter – Teil der Wagner-Literatur diesem Thema stets besondere Aufmerksamkeit gewidmet hat. Ausschlaggebend war, daß Wagner in Mathilde das unendlich feine Mitschwingen seiner Gedanken, Verse und Musik fand, das er brauchte, um auf den Gipfel seiner Leistungen zu kommen, und das Minna nie in solcher Vollendung besessen hatte. Der jungen, liebreizenden Deutschen Aufnahmebereitschaft war so stark wie ihr intuitives Kunstverständnis, ihre Miterlebenskraft schien unbegrenzt und ließ sie, aus den Angeln des »wirklichen« Lebens gehoben, den Höhenflug Wagners zu ihrem eigenen machen. Ihr tiefes, gemeinsames Erleben band sie so fest aneinander, daß sie Welt und Alltag um sich völlig vergaßen und Hand in Hand auf fernen Sternen wandelten. Mathilde wurde nicht nur Wagners vollständigstes Echo, auch von ihr gingen unsichtbare Schwingungen aus, die ihn zu herrlichen Eingebungen für den *Ring des Nibelungen* und zum größten musikalischen Liebesepos aller Zeiten, *Tristan und Isolde*, befähigten. Richard und Mathilde werden zeitweise zu einem einzigen Menschen: Sie dichtet in seiner Sprache – die fünf *Wesendonck-Lieder* bezeugen es –, er komponiert so, als fließe die Musik aus seiner Seele durch die ihre aufs Papier.

An drei Maitagen des Jahres 1853 – der letzte ist Wagners schon früher erwähnte 40. Geburtstag – dirigiert er in Zürich Konzerte mit Ausschnitten aus seinen vier großen Opern. Der Eindruck auf Otto Wesendonck, der den Fehlbetrag dieser Veranstaltungen großzügig aus eigener Tasche deckt, ist stark, der feinfühlige Mann spürt, daß er keinen Unwürdigen unterstützt. Noch stärker ist die Wirkung von Wagners Musik, zudem über seine ausstrahlungsstarke Dirigentenpersönlichkeit empfangen, auf Mathilde. Sie beginnt, ihm zu verfallen. Und das ist, was der Egozentriker Wagner lebens- und schaffensnotwendig braucht: geistige, seelische Macht über einen Menschen, über eine ihn anbetende Frau.

Der Sommer 1853 ist voll von Ereignissen, die Wagner von der Komposition, nach der er sich so sehnt, abhalten. Am 2. Juli trifft Liszt zu Besuch ein, es werden – wie Wagner später in *Mein Leben* niederlegt – *fast betäubende Freudentage*. Am 6. Juli reisen die Freunde gemeinsam mit Herwegh zum Vierwaldstätter See, von wo sie am 7. das Rütli ersteigen. An diesem Ort, an dem einst, 1291, die »Waldstätten« Uri, Schwyz und Unterwalden in feierlichem Schwur den Grund zur Schweizerischen Eidgenossenschaft legten, trinken die drei Männer aus drei Quellen Brüderschaft. In ihre von romantischen Freundschaftsgefühlen und üppigem Bergsommer hochgehenden Gespräche wirft Wagner den »Festspielgedanken« für *eine neue Art von Musiktheater* – lies: für seine eigenen, Wagners Werke –, und Liszt scheint sich für den Gedanken zu begeistern, verspricht seine wertvolle Hilfe. Dann reist der Vielbeschäftigte, Vielgesuchte ab, Wagner und Herwegh ziehen allein weiter. Auf dem Weg von Chur über den Julierpaß nach St. Moritz, wo er sich einer Kur unterziehen will, hat Wagner in einsamer, erdferner Hochwelt eine Vision: er glaubt die *freie Gegend auf Bergeshöhen* zu erblicken, in der Wotan und Fricka (in *Rheingold*) erwachen und langsam die neue Götterburg Walhall aus den Nebeln steigt.

Mathilde Wesendonck

Es bleibt nicht die einzige Vision dieses Sommers. Am 23. Juli glaubt Wagner, wiederum eine *Ring*-Landschaft zu erblicken. Sein Geist beschäftigt sich wohl nahezu unausgesetzt mit dem kommenden großen Werk. Auf der anschließenden Italienfahrt wird seine Phantasie klingend. Darüber finden wir in *Mein Leben* die Schilderung eines Klangbildes, das ihn am 5. September überfiel:

GESCHICHTE DES WERKES

...im allererschöpftesten Zustande, kaum mich fortzuschleppen fähig, suchte ich in Spezia den besten Gasthof auf, welcher zu meinem Schrecken in einer engen geräuschvollen Gasse lag. Nach einer in Fieber und Schlaflosigkeit verbrachten Nacht zwang ich mich des anderen Tages zu weiteren Fußwanderungen durch die hügelige, von Pinienwäldern bedeckte Umgebung. Alles erschien mir nackt und öde, und ich begriff nicht, was ich hier sollte. Am Nachmittag heimkehrend, streckte ich mich todmüde auf ein hartes Ruhebett aus, um die langersehnte Stunde des Schlafes zu erwarten. Sie erschien nicht; dafür versank ich in eine Art somnambulen Zustand, in welchem ich plötzlich die Empfindung, als ob ich in ein stark fließendes Wasser versänke, erhielt. Das Rauschen desselben stellte sich mir bald im musikalischen Klange des Es-Dur-Akkordes dar, welcher unaufhaltsam in figurierter Brechung dahinwogte; diese Brechungen zeigten sich als melodische Figurationen von zunehmender Bewegung, nie aber veränderte sich der reine Dreiklang von Es-Dur, welcher durch seine Andauer dem Elemente, darin ich versank, eine unendliche Bedeutung geben zu wollen schien. Mit der Empfindung, als ob die Wogen jetzt hoch über mir dahinbrausten, erwachte ich in jähem Schreck aus meinem Halbschlaf. Sogleich erkannte ich, daß das Orchester-Vorspiel zum »Rheingold«, wie ich es in mir herumtrug, doch aber nicht genau hatte finden können, mir aufgegangen war; und schnell begriff ich auch, welche Bewandtnis es durchaus mit mir habe: nicht von außen, sondern nur von innen sollte der Lebensstrom mir zufließen. – Sogleich beschloß ich nach Zürich zurückzukehren und die Komposition meines großen Gedichtes zu beginnen...

Doch noch immer schieben sich einige unvermeidliche Verzögerungen vor den Beginn der musikalischen Arbeit am *Ring*: eine Fahrt nach Basel, wo Wagner abermals mit Liszt zusammentrifft sowie mit Hans von Bülow, mit dem bedeutenden Geiger Joseph Joachim (dem späteren engen Freund Brahms'), dem Komponisten Peter Cornelius (dem Schöpfer des *Barbier von Bagdad*), dem Musikwissenschaftler Richard Pohl. Ein anschließender, knapp zweiwöchiger Aufenthalt in Paris – der Stadt, der Wagners Haßliebe sein ganzes Leben lang treu bleiben wird –, wo Wagner die in Basel vorgenommenen Lesungen aus dem *Ring* fortsetzt und unter seinen Hörern den von ihm hochgeschätzten, der deutschen Sprache allerdings wenig mächtigen Komponisten Hector Berlioz begrüßen kann. Dann aber ist es endlich und endgültig soweit: Am 1. November 1853 beginnt der nach Zürich zurückgekehrte Wagner mit der Vertonung des umfangreichsten seiner Werke, der *Nibelungen*-Tetralogie. Der Wachtraum von Spezia weist ihm den Anfang: Eine wohl in der gesamten Musikliteratur einmalige Folge gleicher Harmonie führt den Hörer während nicht weniger als 136 Takten Orchestermusik in die *Tiefen des Rheins*. In den anschließenden Lautmalereien im Gesang der Rheintöchter helfen ihm seine Kenntnisse des Mittelhochdeutschen, das nun in neuen Sprachgebilden mit dem Gesang verfließt.

In nur neun Wochen, die einmal von einer Fiebererkrankung kurz unterbrochen werden, ersteht die Kompositionsskizze zum *Rheingold*. Gleichzeitig legt Wagner viele Motive – man wird sie später »Leitmotive« nennen – nieder, die wie ein festes Skelett den Bau der gesamten Tetralogie tragen werden. Wagner wird über diese Motiv-Technik, die er hier zum ersten Mal ganz bewußt und konsequent anwendet, sagen: *Das Orchester bringt fast keinen Takt, der nicht aus vorangehenden Motiven entwickelt ist...* In *Mein Leben* kommt Wagner mit diesen Worten auf die wichtige Veränderung seiner Kompositionstechnik zurück:

> *...bereits am 16. Januar 1854 war die ganze Komposition*[1] *entworfen und somit in seinen wichtigsten thematischen Beziehungen der Plan zu dem ganzen musikalischen Gebäude des vielteiligen Werkes vorgezeichnet. Denn eben hier, in diesem großen Vorspiel*[2]*, waren diese thematischen Grundsteine für das Ganze zu legen gewesen...*

Der Fortgang der Arbeit am *Rheingold* verlief eine Zeitlang in den bei Wagner üblichen Bahnen. Nachdem die Kompositionsskizze Mitte Januar 1854 abgeschlossen worden war, begann Wagner am

---

[1] des *Rheingold*
[2] Gemeint ist *Das Rheingold*.

16. Januar: Das Rheingold mit Bleistift fertig skizziert (Zeile 1)
– *Finanzielle Bedrängnis* (Zeile 4) –
aus Richard Wagners Annalen, 1854

1. Februar mit der »Urschrift« der Orchesterpartitur. Mit ihr befaßte er sich intensiv bis Ende Mai. Zwar läuft auch seine Beziehung zu Mathilde Wesendonck so, wie er sie sich erwünscht (*Die anmutige Frau bleibt mir treu und ergeben*), aber die vorübergehend beruhigten Sorgen um das tägliche Leben beginnen sich wieder zu melden. Wagner hat, wie immer, im Vertrauen auf künftige Einnahmen weit über seine – durch Zuwendungen der Freunde festgelegten – Verhältnisse gelebt. Er stattet seine Wohnungen stets um einige Grade kostspieliger aus, als er es sich leisten dürfte. Aber er kann nun einmal beinahe nur in behaglichen Räumen mit schweren Vorhängen und dicken Teppichen arbeiten, die alles Geräusch der Welt zur Unmerklichkeit dämpfen. Er muß Schlafröcke aus Seide tragen, muß Wohlgerüche, am liebsten orientalischer Herkunft, atmen, um so schaffen zu können, wie sein Genie es verlangt.

Nun treffen ungünstige Nachrichten über kaum halbgeglückte Aufführungen von *Tannhäuser* und *Lohengrin* aus deutschen Städten ein; seine Stimmung sinkt, als Minna ihm klarmacht, daß sie wieder einmal *vis-à-vis de rien* stehen, dem Bankrott gegenüber, wie so oft schon. Geld muß her, viel Geld. Wagner ist in seinen Forderungen so großzügig wie in seinen Ausgaben. Liszt? Wesendonck? Wer soll ihm die 4000 Taler geben? Wesendonck macht der Mann, der überraschend schnell zum hilflosen Schützling geworden ist, schon seit einiger Zeit Sorgen. An einen gemeinsamen Freund, den Züricher Staatsschreiber Jakob Sulzer, schreibt er die sehr bezeichnenden Sätze: ...*Soviel ist klar: ihm selbst darf kein Geld in die Hand gegeben werden... Von Anfang an hatte ich schon vor, die Fonds an Madame Wagner zu geben, aber es schien mir zu demütigend...* Trotz vieler Bedenken begleicht er schließlich wieder einmal Wagners Schulden, die 10 000 Franken betragen. Und lächelt wohl nur nachsichtig, als dieser ihm seine *baldigst erwarteten Einnahmen* mit 20 000 beziffert...

Seine schwindenden Lebensgeister veranlassen Wagner zu einem Abgehen von seiner Vertonungsnorm. Vielleicht fesselte ihn die Instrumentation im Augenblick zu wenig, und sein unsteter, kaum zu zügelnder Geist verlangte gebieterisch nach Neuem, um äußere Mißstände zu vergessen. Er geht voll neubelebtem Schwung an die *Walküre*. Vielleicht entsprach deren erste, glühende Liebesszene auch seinen stets inniger werdenden Gefühlen für Mathilde. Am 28. Juni 1854 beginnt er mit der Komposition dieses »ersten Tages« der Tetralogie; er beendet den ersten Akt am 1. September 1854. In nur zwei Monaten entsteht diese glutvollste Musik, die er – *Tristan und Isolde* schildert eine andere, gereifte Art der tiefen Liebe – jemals komponiert hat! Sie mußte wohl wie ein Vulkan aus ihm hervorbrechen und ihm zum Überlegen, zum Alltag keine Zeit lassen. Schon drei Tage später, am 4. September 1854, stürzt er sich in den zweiten Akt und entwirft das mitreißende tönende Bild der »herrlichen« Brünnhilde.

Und dann scheint sein ganzes Sein wie in rasenden Fieberphantasien zu bersten: Er wendet sich zum *Rheingold* zurück und setzt den Schlußstrich unter dessen Partitur. Er wirft im Oktober einen ersten Entwurf von *Tristan und Isolde* aufs Papier. Er schreibt zugleich am zweiten Akt der *Walküre*, deren musikalische Skizze (des zweiten Aktes) er am 18. November beendet. Er beginnt sofort die Komposition des dritten Akts und kann ihn und damit das gesamte Werk mit Wotans Abschied und dem Feuerzauber am 27. Dezember in ungeheurer Erregung beenden. Von seinem Seelenzustand in diesen Monaten legt sein Brief an Franz Liszt beredtes Zeugnis ab: *...Glaub mir, so ist noch nicht komponiert worden; ich denke mir, meine Musik ist furchtbar, es ist ein Pfuhl von Schrecknissen und Hohlheiten...* Ende 1854 ist also das *Rheingold* fertig und die *Walküre* komponiert. Die weitere Entstehungsgeschichte des *Rings des Nibelungen* – die Orchestrierung der *Walküre*, die Komposition und Instrumen-

Hans von Bülow, Dirigent und von Jugend
an ein begeisterter »Wagnerianer«

tation von *Siegfried* und *Götterdämmerung* – gehört nicht mehr in dieses Buch, sie ist in den betreffenden Bänden nachzulesen. Wir überspringen nun Jahre, ja mehr als ein Jahrzehnt. Das größte aller »Wunder« in Wagners Leben ist eingetreten: Den ruhelos Umherirrenden, den Gescheiterten und aus allen Träumen Gerissenen hat die bedingungslose, bis zur Selbstaufopferung gehende Freundschaft des Bayernkönigs Ludwig II. gerettet. Das zweite Schweizer Exil, in das Wagner nach bitteren Münchener Erfahrungen ein Jahr später, 1865, flüchten wird, erweist sich als freundlicher, sorgloser als das erste, denn des Monarchen Sorge wacht über den fernen Freund. Das Haus in Tribschen am Vierwaldstätter See ist schön, bequem und herrlich gelegen. Gäste kommen nun zu dem – vor allem seit der Uraufführung von *Tristan und Isolde* am 10. Juni 1865 berühmten –

GESCHICHTE DES WERKES

Tribschen am Vierwaldstätter See,
Wagners Wohnsitz für die Jahre 1866–1872

Meister, Wagner kann sich nun ein wenig wie Liszt in den Weimarer Tagen fühlen, er ist zum Begriff für die Musikjugend Europas geworden.

Die Stelle Mathildes aus dem ersten Exil nimmt im zweiten nun Liszts Tochter Cosima ein. Diese ist als Persönlichkeit stärker, realistischer als die träumerische Kaufmannsgattin. Als sie der mächtigen Persönlichkeit Wagners begegnet, verfällt sie ihr geradeso wie seinerzeit Mathilde, aber sie zieht ganz andere Konsequenzen daraus. Sie weiß zweifelsfrei, daß sie ihren Gatten Hans von Bülow, der sie abgöttisch liebt, verlassen muß, daß sie zu Wagner gehört, und sei es gegen alle Widerstände der Welt – Bülows, des Königs, ihres eigenen Vaters, der empörten Öffentlichkeit. Und sie geht zu Wagner nach Tribschen, in ein restlos erfülltes Zusammenleben, in die Ehe mit ihm, dem sie während seiner letzten zwölf Lebensjahre Gefährtin voll Verständnis und Kameradschaft sein, dem sie mit Liebe, Glück und wohltätiger Ruhe den Abend des Daseins vergolden wird, nachdem sie mit Tatkraft und Klugheit seinen größten Traum, den des Festspielhauses, verwirklichen geholfen hat.

Am 21. Juni 1868, dem Johannistag voll alter Bräuche, hat in der Hofoper Münchens eine neue glanzvolle Uraufführung stattgefunden: *Die Meistersinger von Nürnberg* wurden, von einem nun ganz ihm ergebenen Publikum bejubelt, zu einer der Sternstunden Wagners. In der Hofloge neben dem König wird ihm durch dessen nach außen gnädigen, innerlich wohl bebenden Wink gestattet, an die Brüstung zu treten und die Huldigungen entgegenzunehmen. Trotzdem ist Wagner wenige Tage später nach Tribschen zurückgereist. Und dort erfährt er voll Entsetzen, daß gerade dieser »Treueste der Treuen«, Ludwig II., im Begriffe steht, eine Wagner unfaßbare Tat zu begehen: das *Rheingold*, dessen Partitur Wagner ihm »geschenkt« hat – der König hat dem Freund bis dahin schon mit gewaltigen Summen unter die Arme gegriffen –, in München zur Uraufführung zu bringen. Der König, der Wagners Werke kennt und liebt wie, außer vielleicht Cosima, kein zweiter Mensch auf der Welt, will seine Vorfreude auf den *Ring des Nibelungen* nicht länger zügeln. Er konnte kaum ahnen, daß der angebetete Freund ihm die Anberaumung einer solchen Uraufführung im prächtigen Hoftheater Münchens nach besten Kräften übelnehmen würde.

Aber Wagner tat es. Für ihn war *Der Ring des Nibelungen* nur als Einheit denkbar, nicht als Folge von vier Einzelwerken. Der Plan des Königs erschien ihm als Verstümmelung, um so mehr, als das Gesamtwerk noch nicht aufführungsreif vorlag, ja seine Vollendung noch gar nicht absehbar war. Aus den seinerzeit von ihm vorgesehenen *drei Jahren Arbeit* waren mittlerweile fast zwanzig geworden. Wozu sollte sein Schöpfer es vollenden, da das erträumte Festspielhaus, das ihm für ein solches Unternehmen einzig geeignet erschien, noch nicht in Sicht war?

Ludwig ließ sich nicht von seinem Wunsch abbringen. Er glaubte sich in vollem Recht: *Richard Wagner machte Mir die Partitur des »Rheingold« zum Geschenk, und gibt Mir sein ganzes Nibelungenwerk als Eigentum; das Recht der Aufführung steht also Mir unbedingt zu; außerdem muß er Mir auch durch*

GESCHICHTE DES WERKES

das Gefühl der Dankbarkeit, das er Mir durchaus schuldig ist, verpflichtet sein...

Ludwig grollte dem Freund, dessen Cosima-Affäre, in der Wagner den König offenkundig angelogen hatte, ihn schmerzte. Aber er war in dieser Freundschaft nur äußerlich der Stärkere, in Wahrheit jedoch der viel Weichere, Nachgiebigere. Nach jeder Verstimmung ist er es, der den »gekränkten« Freund um Verzeihung bittet. Auf die Wagner-Premiere aber verzichtet er nicht. Um Wagner geneigter zu stimmen, wird der ihm vertraute Dirigent Hans Richter für die Leitung gewonnen. Trotzdem weigert sich der Komponist, an der Einstudierung irgendwelchen Anteil zu nehmen. Schließlich reist er doch nach München, verbringt dort den 1. September 1869, an dem er vom grollenden Ludwig nicht empfangen wird und reist sofort wieder nach Tribschen zurück. Am 14. September erfolgt in der bayerischen *Allgemeinen Zeitung* ein schwerer Angriff auf Wagner. Wagner erwidert, als er davon erfährt. Am 21. September 1869 schreibt Wagner einen Brief an seinen Verleger Schott in Mainz. Nach längeren persönlichen Ausführungen kommt er auf das Nibelungen-Drama zu sprechen:

Der neue Kapellmeister Herbeck aus Wien war gestern hier, um im Auftrag der oberen Intendanz wegen der »Meistersinger« mit mir abzuschließen. Auch bewirbt man sich bereits für das nächste Jahr in Wien um das »Rheingold«, welchem dann mit jedem Jahre darauf ein Stück der »Nibelungen«-Trilogie nachfolgen soll. Es ist dies, nachdem auch Dresden sich hierum beworben, nun schon das zweite Theater, welches außer München diese Aufführungen in das Auge faßt. Von diesem Theater[1] darf ich mir allerdings für längere Zeit jetzt keine gute Initiative hierfür erwarten, da ich im Gegenteil dieselbe nur zu befürchten habe und deshalb vermutlich noch in schwierige Beziehungen zu dem Könige v. B.[2] geraten werde. Inzwischen ist, wie ich Ihnen hier meldete, »Siegfried« bereits fertig geworden...

---

[1] München
[2] von Bayern

Dieser Brief stellt den Beobachter vor mehrere Rätsel. Hat Wagner so sehr seine Meinung geändert, daß ihm nun doch ein »gewöhnliches« Theater – die Wiener Hofoper, ein Institut hohen Ranges – für den *Ring des Nibelungen* geeignet erscheint? Hat er den Traum eines eigenen Festspielhauses als einziger Spielstätte für dieses Werk aufgegeben? Wenn es wirklich so wäre: Warum verbietet er dem Bayernkönig, dem er so unendlich viel verdankt, was er der Wiener Oper gestatten will? Wenn man nicht einfach und direkt materielle Gründe dafür anführen will – Wien müßte ihm die Aufführungen gut honorieren, während Ludwig bereits im Besitze der Partitur ist und Wagner also kaum weitere Zahlungen erwarten dürfte –, so bleibt nur die Erklärung eines unterschwelligen Grolls gegen den König, und der flösse aus sehr undurchsichtigen Quellen; da wären tiefliegende Beziehungen im Spiel, für die nur die moderne Psychologie einen Schlüssel fände... Noch eines könnte kommentiert werden: Wiens Angebot an Wagner scheint nicht so ernst gewesen zu sein, wie Wagner es empfand – oder hier darstellte. In diesem Theater erklang *Das Rheingold* erst 1878, also zwei Jahre nach Bayreuth, und nicht 1870, in Dresden gar erst 1884, ein Jahr nach Wagners Tod. Das erweckt den Verdacht, daß Wagner dem Verleger Schott gegenüber – und allen Personen, mit denen er zusammentrifft – die Münchener Aufführung, die gegen seinen Willen stattfindet, an Bedeutung so sehr wie möglich herabsetzen möchte.

Diese Aufführung, das erste Erklingen der *Rheingold*-Partitur, erfolgt am Tag, nach dem Wagners eben zitierter Brief geschrieben ist: am 22. September 1869. Hans Richter hatte die Leitung während der Proben niedergelegt, da ihm die künstlerischen Belange nur ungenügend gewahrt erschienen – oder aus Angst vor Wagner. Eingesprungen war der Hofkapellmeister Franz Wüllner, der sich damit Wagners flammenden Haß zuzog. Die besten Sänger des Hauses waren aufgeboten: August Kindermann sang den Wotan, Franz Nachbaur den Froh, Heinrich Vogl den Loge, Sophie Stehle die Fricka. Die Besucher, schon durch den Zeitungskonflikt aufmerksam geworden, blicken vergeblich nach der Königsloge, suchen Wagner umsonst im ganzen Hause. Ludwig sitzt allein, ein wenig scheu im Hintergrund wie immer.

München.
Kgl. Hof- und National-Theater.

Mittwoch, den 22. Sept. 1869.

Zum ersten Male:

Das Rheingold.

Wotan	Herr Kindermann.
Donner	Herr Heinrich.
Froh	Herr Nachbaur.
Loge	Herr Vogl.
Alberich	Herr Fischer.
Mime	Herr Schlosser.
Fasolt	Herr Petzer.
Fafner	Herr Bausewein.
Fricka	Frl. Stehle.
Freia	Frl. Müller.
Erda	Frl. E. Leehofer.
Woglinde	Frl. Kauffmann.
Wellgunde	Frau Vogl.
Floßhilde	Frl. Ritter.

Dekorationen von den Hoftheatermalern H. Döll, Chr. Jank und A. Quaglio.

Anfang ½7 Uhr.   Ende 9 Uhr.

Einen Monat später schreibt Wagner wieder an Schott:

...Sonderbarer Weise hat der tiefe Ärger, den ich von München her um diese Angelegenheit zu erleiden hatte, doch den Eindruck nicht verwischen können, den es schließlich auf mich hervorbrachte, zu erfahren, daß selbst eine so eigentlich unsinnige und jedenfalls sehr geist- und schwunglose Vorstellung dieses schwierigsten Teiles des Zyklus, eben »Das Rheingold«, nicht nur nicht das Werk hat umbringen können, sondern im Gegenteil seine populäre Wirkungskraft bestätigt hat, so daß, wie gesagt, mehrere Theater jetzt schon daran denken, es aufzunehmen. – Nun, das wird sich Alles noch einmal anders zeigen!...

Als ein Jahr später, 1870, Ludwig II. nun auch die Aufführung der *Walküre* in München befiehlt, schäumt Wagners Empörung über – aber darüber wird im nächsten Band dieser Reihe ausführlich zu berichten sein.

Im selben Jahr tritt der Gedanke des Festspielhauses verbunden mit der fränkischen Stadt Bayreuth entscheidend an Wagner heran. Die Folgezeit wird weitgehend der Verwirklichung dieses alten Traums gewidmet. Im April 1871 verfaßt Wagner den schon vorher skizzierten Aufsatz *Über die Aufführung des Bühnenfestspiels »Der Ring des Nibelungen«*. Wieder eilen die Wünsche, wie so oft bei ihm, den wirklichen Gegebenheiten voraus. Aber auch dieses Mal, wie immer, wird die Wirklichkeit seine Phantasien einholen. Bayreuth ersteht, nach Mühen und Enttäuschungen ohne Zahl, nach Kämpfen und Zusammenstößen aller Art. Es ersteht, weil zuletzt doch der treueste Freund, König Ludwig, mit einem Federstrich alle aufgetürmten Schwierigkeiten beseitigt.

Es war sicherlich Wagners gloriosester Augenblick – in einem an großen Momenten reichen Leben –, als am 13. August 1876 der Vorhang zum ersten Mal in diesem seinem Festspielhaus aufging. Im Parkett: Kaiser, Könige, Fürsten, die Repräsentanten der Geistigkeit Europas, die Weltpresse. Wagner hatte gesiegt. Auf der Bühne: der *Vorabend* zur Nibelungentetralogie, so wie er es sich in tausend Nächten vorgestellt hatte, *Das Rheingold*, die 136 Es-Dur-Takte *in der Tiefe des Rheins*, so wie sie ihm in Spezia erklungen waren.

Das Bayreuther Festspielhaus »auf dem grünen Hügel«

Hans Richter steht am Pult, Franz Betz singt den Wotan, Eugen Gura den Donner, Georg Unger den Froh, Heinrich Vogl den Loge, Karl Hill den Alberich, Carl Schlosser den Mime, Albert Eilers den Fasolt, Franz von Reichbach den Fafner, Friederike Sadler-Grün die Fricka, Marie Haupt die Freia, Luise Jaide die Erda. In der Rolle der ersten Rheintochter taucht inmitten des stolzen, hauptsächlich der Wiener Hofoper entnommenen Ensembles der Name Lilli Lehmann auf, von dem die Opernwelt in den folgenden Jahrzehnten noch viel hören sollte.

Das unerhörte Wagnis wurde zum vollen Triumph: am 13. *Das Rheingold*, am 14. *Die Walküre*, am 16. *Siegfried* und am 17. *Götterdämmerung*. Kein Komponist hatte jemals ähnliches erreicht und erlebt. Ein Theater, nach seinen Wünschen und Angaben gebaut. Viele von ihnen bedeuteten einen wahren Umsturz gegenüber den üblichen Opernhäusern: das Orchester »versenkt«, also dem Zuschauer unsichtbar, wodurch ihm eine »vollständige Illusion« geboten werden soll; ein »demokratischer« Bau ohne Logen, mit gleichmäßiger guter Sicht von allen Plätzen; mehr als einstündige Pausen zwischen den Akten, die dem

Publikum zum Promenieren in den schönen Parkanlagen und zum Nachdenken über das Gehörte dienen sollten. Ein Theater, nur seinen eigenen Werken geweiht. Kein Dramatiker, kein Musiker hatte jemals über eine solche Stätte geherrscht.

Erläuterungen zu Wagners Sprachschöpfungen im *Rheingold*

Alb, Albe: Wesen aus einem gespenstischen Zwischenreich, Naturdämon
bar; des Schlummers –: ruhelos
Bast: Seil, Tau, Fessel
buhlen: werben, Liebesspiele treiben
entraten: verzichten
entzucken (Zauber): geheime Kräfte ausstrahlen, entsenden
Erda: zweifellos mit »Erde« zusammenhängender Name, von Wagner einer Gestalt des *Rings des Nibelungen* gegeben: Halbgöttin, Urwala (s. d.), Mutter der Walküren, allwissende Prophetin, Mahnerin, mit den Urgeheimnissen allen Lebens vertraut
fahn: fangen, packen
fräulich: fraulich, weiblich, jungfräulich
Friedel: Geliebte, Liebchen
frommen: zum Nutzen dienen
Gauch: Dummkopf, Tölpel
Gaunergezücht: Diebesbande, Betrüger
geheimnishehr: feierlich geheimnisvoll
Gelichter: Pack, Gesindel
gemahnen: erinnern
Geneck: Necken, hier: boshafte Anspielung
Geschlüpfer: rutschiges Gestein oder Gelände
Gestemm: Bauwerk, Mauerwerk
Gewirk: etwas Gewirktes, Geflochtenes, auch Geschmiedetes
Gezücht: Geschlecht, Rasse
gieren: verlangen, sich sehnen
glau: glatt, schön, glänzend
gleißen: glänzen, glitzern
Glimmer: Gesteinsart, hier für: glattes Gestein
Götterburg: hier: Walhall
grämlich: schlecht gelaunt, gramgebeugt
greis: greisenhaft
hehlen: verbergen
hehr: edel, erhaben

heim: hier: daheim
heischen: fordern, verlangen
Holda: »die Holde«, Kosename für eine Frau, hier häufige Bezeichnung für die junge, schöne Göttin Freia. (In *Tannhäuser* kommt dieses Wort im Frühlingslied des Hirten für die Liebesgöttin vor.)
Hort: Schatz, Gold
jach: jäh, plötzlich
jüngen: verjüngen
kiesen: wählen, erwählen
kirren: gefügig machen
Klinze: Spalt, Ritze im Gestein
Kluft: Schlucht
lauter: rein, klar
leckende Lohe: züngelnde Flamme
ledigen (sich): sich befreien
leidig: schwierig, schwer zu behandeln
Liebesfluch: Verfluchung der Liebe
Lichtalben: Wagnerische Wortschöpfung für die Götter. Gegensatz: Nachtalben, die Zwerge oder Nibelungen.
Lohe: Feuer, Flamme
lüderlich: liederlich, vielleicht mit »Luder« verwandt
lugen: schauen (heute noch in süddeutschen und schweizerischen Regionen verwendet)
Lungerer, Lungrer: gieriger Streber, auch Nichtstuer
Mär: Nachricht, Kunde
Mark: Grenze, Grenzland, in geographischen Bezeichnungen noch geläufig: Mark Brandenburg, Ostmark usw.
Nachtalberich: Wagner nennt die Nibelungen, die im Erdinnern hausen, »Nachtalben«, im Gegensatz zu den Göttern, den »Lichtalben«. So nennt er den Zwergen- oder Nibelungenkönig. Alberich sinngemäß »Schwarzalberich« oder »Nachtalberich«.
Neidspiel: Kampf, Kräftemessen
Neidtat: böse Tat
Nibelheim: das Reich der Zwerge oder Nibelungen, im Innern der Erde
Nicker: Nixe, Kobold, spielende Geschöpfe
Nickergezücht: Nixenbrut

Nornen: Unsichtbare Nachtgestalten, die am Schicksalsseil weben und den Menschen die Zukunft im Traum vorhersagen. (Wagner frei nach der nordischen Mythologie, *Edda* usw.)
Recht; zu Recht ziehen: zur Verantwortung ziehen
Reif: Ring
Riesenheim: Land der Riesen
Runen: uralte nordische Schriftzeichen, hier auch: Vertragstexte, die symbolisch in Wotans Lanze eingeritzt werden
Runenzauber: Geheimformel zur Anwendung eines Zaubers
Rast; säumende Rast: ruhiges Verweilen
Schächer(gewerb): Händler(gebaren)
Schaft: Griffstück (eines Speers oder Schwertes)
schleck: naß, rutschig
Schluft: Schlucht
Schwäher: Schwager
Schwall: hier: Wassermassen
Schwarzalbe: siehe Nachtalberich
Schwefelkluft: Zugang zu Nibelheim, dem Land der Nibelungen oder Zwerge
sehren: versehren, verletzen
sein Wort lösen: sein Wort einlösen oder halten
siech: krank
Sold: Löhnung, Lohn
stapfen: plump gehen, mit wuchtigen Schritten
Stich halten: Rede stehen
talpen: schwerfällig gehen, plump dahintappen
Tand: wertloser Gegenstand, Spielzeug
törig: töricht
Tropf: Dummkopf
Trug: Betrug, undurchsichtiges Geschäft
urerschaffen: im Zusammenhang mit Erda gebrauchtes Wort (s. d.), aus dem Nichts geschaffen oder geboren
Urwala: Urmutter der Walas (s. d.), prophetische Künderin, hier Beiname Erdas (s. d.), Besitzerin von Urweisheiten vom Anfang bis zum Untergang der Welt, hier Mutter der Walküren
versagen: hier: entsagen
vertragen: vertraglich vereinbaren

Wag: hier: Wiegen, wiegende Bewegung
Wala: weibliche Gestalt der nordischen Mythologie, Norne (s. d.), mit seherischen Fähigkeiten ausgestattete Weise (s. auch Erda, Urwala)
Weckerin: hier für: Sonne
Wehr: Waffe, Verteidigung
weichen (von): etwas aufgeben, sich von etwas zurückziehen
weihlich: erhaben (von: Weihe)
(der) Welt Erbe: die Weltherrschaft
werben: erreichen, erzielen
Witzigung: durch Schaden erworbene Erfahrung
Wucher: hier: Nutzen
zehren: verzehren
zeugen: hier: schaffen, zuziehen
Zucht: hier: Züchtigung

Feststellungen und Gedanken zu
Das Rheingold

1. *Der Ring des Nibelungen* ist weitaus das umfangreichste Werk des Musiktheaters. Es umspannt, von Wagner so bezeichnet, einen *Vorabend* (*Das Rheingold*) und drei »Tage« (*Die Walküre, Siegfried, Götterdämmerung*). Alle vier Dramen dieser »Tetralogie« (oder »Trilogie mit Vorspiel«, wie sie auch manchmal bezeichnet wird) sind abendfüllend, die beiden letzten Dramen sogar von weit überdurchschnittlicher Spieldauer. *Das Rheingold* ist das längste pausenlose Werk des Musiktheaters (dicht gefolgt nur vom *Fliegenden Holländer* desselben Autors in der von ihm geplanten und manchmal so gespielten Fassung in einem einzigen Akt).
2. Im *Rheingold* kommen noch keine menschlichen Gestalten auf die Bühne. Das Drama spielt sich unter Göttern, Halbgöttern, Riesen, Zwergen (genannt »Nibelungen«) und nixenähnlichen Wasserwesen ab. Hinzu tritt eine seltsame, schwer einzuordnende Figur: Erda, die »Urwala«, das »weiseste Weib der Welt«, Orakel oder Prophetin, Seherin, Künderin, zweifellos übernatürlicher, übermenschlicher Natur. Alle anderen Gestalten dieses »Vorspiels« haben, aus so verschiedenen Sphären sie auch kommen mögen, durchaus menschliche Charaktere. Das Drama spielt sich so ab, als geschähe es unter Menschen. Vielleicht ist es gerade das, was es für den Besucher interessant macht: Es geht jeden Menschen etwas an, auch wenn er kaum je in solche Situationen geraten könnte.
3. In den vierziger Jahren beschäftigte Wagner das Schicksal des Helden Siegfried, so wie er es in germanischen Sagen gelesen hatte. In seiner Phantasie wurde Siegfried zum Anführer einer jungen Menschheit, der die Aufgabe gegeben war, eine alte, morsche, ungerechte und korrupte Welt zu zertrümmern und das Tor in eine lichtere Zukunft weit aufzustoßen. Siegfried als der Verwirklicher von Wagners damaligen Träumen und Hoffnungen: So paßt er genau in das Bild, das der Dichter-Komponist um 1848 von den Revolutionären, ja von sich selbst machte. Hätte Wagner das Werk

damals ausgearbeitet, statt es nur zu planen, so sähe es völlig anders aus. Aber in dem langen Vierteljahrhundert, das er zur Ausführung des *Rings des Nibelungen* brauchte, erweiterte sein Geist sich nach vielen Richtungen, seine Träume zerrannen im Alltag, seine Anschauungen der Welt wandelten sich; so vielfach und gegensätzlich, daß keine Ideologie, keine Richtung, keine Partei das Recht für sich in Anspruch nehmen kann, ihn als einen der Ihren zu betrachten. Er wurde ein besitzbewußter Anarchist, ein aristokratisch fühlender Sozialist, ein autoritärer Demokrat, ein monarchistischer Republikaner, ein weltumspannender Nationalist, ein persönliche Ausnahmen gern zulassender Antisemit.

4. Wagners erster Entwurf zielte auf ein Drama über Siegfrieds Heldenlaufbahn und meuchlerischen Tod von der Hand eines düsteren Gegenspielers. Der Gedanke an ein geradezu »kosmisches« Drama unter Einbeziehung einer Fülle von »unirdischen« Wesen ergab sich in Wagners Phantasie erst nach und nach. Um Siegfrieds Lauterkeit darzustellen, mußte sein Verrat an Brünnhilde mit einem Vergessenstrank motiviert werden, der ihm eingegeben wird. Doch konnte seine Liebesfähigkeit nur zum Ausdruck kommen, wenn er zuvor in seiner *ungetrübten Beziehung* (so Wagner) zu dieser Frau gezeigt würde. So begab Wagner sich immer weiter in die Vorgeschichte hinein: Um Brünnhilde in ihrer ganzen Dimension zu würdigen, mußte ihr so edler »Ungehorsam« gegen Wotan die idealen Beweggründe erlangen, ihr Schlaf motiviert werden, aus dem der längst für sie bestimmte Siegfried sie erweckt. Immer tiefer geht Wagner in die Vorgeschichte seiner Gestalten zurück: Siegfrieds Eltern mußten in ihrer verhängnisvollen, wunderbaren Liebe gezeigt werden. Woher kam ihr Verhängnis? Aus dem Zwiespalt der Götterwelt, aus der Vieldeutigkeit des »Allvater« Wotan. Wagner war damit, rückwärts schreitend, bei *Rheingold* angelangt, in dem das ungeheure Drama seine Wurzeln hat. Es bildet Beginn und Grundlage der Tetralogie. Um sie wahrhaft erfassen zu können, sollte sie stets in Gesamtschau, in weiterem Zusammenhang gesehen und erklärt werden. (Wagner hatte so unrecht nicht, als er sich mit allen Kräften im Jahre 1869 dagegen wehrte, daß König Ludwig zuerst

Rheingold und ein Jahr später *Die Walküre* einzeln aufführen lassen wollte.)
5. *Das Rheingold* stellt zwar, wie jeder der anderen Teile auch, ein Drama für sich dar; aber es enthüllt seinen ganzen Sinn nur als Exposition des Gesamtwerkes. Es enthält Gestalten, die im weiteren Verlauf des Nibelungen-Rings fortgeführt werden: Wotan, Fricka, Alberich, Mime, Fafner, die Rheintöchter. (Loge wird am Ende der *Walküre* noch einmal als Flamme, nicht mehr in körperlicher Gestalt gegenwärtig.) Eine Fülle weiterer Gestalten kommt erst im weiteren Verlauf des Werkes hinzu: die Menschen Siegmund, Sieglinde, Hunding, Siegfried, Hagen, Gunter, Gutrune, die neun »Walküren« mit Brünnhilde an der Spitze, die drei Nornen sowie zwei Tiere: das unsichtbar bleibende Waldvögelein sowie der Drache oder Lindwurm, in den der seinen Besitz hütende Fafner sich verwandelt hat.
6. Das dramatische Gebäude, das Wagner im *Ring des Nibelungen* errichtet hat, beruht zwar auf vielerlei Quellen – der *Edda,* dem *Nibelungenlied* und anderen Sagen, Mythen und Legenden –, aber es ist zweifellos sein geistiges und künstlerisches Eigentum. Die Kraft seiner Erfindung im weiteren Verlauf des Werkes ist so groß, die Plastizität seiner Umgestaltung so zwingend, daß viele mythische Figuren seiner Werke geradezu ein neues Leben im Volksbewußtsein angetreten haben.
7. Bei vielen Werken der Kunst – welcher Kunst auch immer – taucht die Frage auf, ob und mit welcher Gestalt der Autor sich wohl am ehesten identifiziert habe. Auch angesichts des *Rings des Nibelungen* ist diese Möglichkeit durchaus gegeben. In den frühesten Entwürfen lag, wir sagten es schon, sicherlich eine Identifikation mit Siegfried vor. Wagner sehnte sich nach jener Stärke und Freiheit, jener Ungebundenheit von Zwang, die den »Helden« zu wahrhaft großen, schicksalsverändernden Taten befähigt. Doch im Laufe der Jahre, in denen das Werk in seinem Geiste heranwächst, verschieben sich die Gewichte der Identifikation offenkundig. Hat daran die Lektüre Schopenhauers Anteil, den er damals zu lesen beginnt und zu seinem Lieblingsphilosophen macht? Oder ist es seine eigene, zunehmende Reife, seine im

Exil sich wandelnde Weltschau, die ihn Schopenhauers Pessimismus erst verstehen und mitfühlen läßt? Nun rückt ihm Wotans tiefere Tragik näher als Siegfrieds geradliniges Heldentum. Das Ende zu ahnen, zu wissen, ihm bewußt entgegenzugehen, die Ketten zu tragen, die ein in großen Dimensionen waltendes Schicksal auch dem Stärksten auferlegt – »das Kreuz auf sich zu nehmen«, wie das Christentum es darstellt –, das scheint ihm jetzt das wahre Drama zu sein. Und so wird zuletzt Wotan zum Spiegelbild manches Wagnerschen Zuges. Doch auch hier, wie stets und überall bei Wagner, müßte man sagen: Ganz so einfach ist die Sache doch nicht. Wagner ist so komplex, so vieldeutig, daß er eigene Aspekte auf die verschiedensten Figuren seines Werkes projiziert. Wagner ist Wotan, aber er leiht eigene Züge auch Siegfried und Siegmund, ja selbst Alberich und Loge.

8. Wagner weist seinen Personengruppen bestimmte Lebensräume zu. Die Zwerge (die er, in merkwürdiger Veränderung des ursprünglichen Begriffs, »Nibelungen« nennt) bewohnen die Klüfte im Erdinnern, Nibelheim, Land der Nebel. Sie sind arbeitsam, flink und gehorsam, so daß Alberich aus ihnen mit Hilfe des mächtigen Ringes, den er schmiedet, ein Welteroberervolk zu machen hofft. In Riesenheim hausen die Riesen; sie sind schwerfällig, aber nicht dumm, ehrenhaft und primitiv. Die Götter hausen »auf wolkigen Höhen«; ihr Oberhaupt Wotan, »Herr der Pakte und Verträge« (die symbolisch in seinen Speer geritzt sind), scheint sich nach einem festen Wohnsitz zu sehnen: Und so läßt er sich von den Riesen die Burg Walhall erbauen, kühn und stolz von den höchsten Felsen in die Wolken ragend. Man darf bei den Wagnerschen Göttern – die er vor allem aus der nordischen *Edda* entnimmt – nicht an unseren Gottesbegriff denken, mit dem wir Attribute wie Allgegenwart, Allwissenheit, höchste Gerechtigkeit verbinden. Wotan ist nichts von alledem. Er zeigt sich in *Rheingold* überraschend unwissend, und seine menschlichen Eigenschaften überragen seine göttlichen beträchtlich. Wie er sich zusehends in Widersprüche verwickelt und zuletzt die Götterdämmerung, den Zusammenbruch Walhalls, nicht aufhalten kann – das bildet den Inhalt der Tetralogie. Seine Gattin Fricka ist zur Hüterin der

Bühnen-Modell für »Nibelheim«, 1896, Bayreuth

Ehe bestimmt; und im Namen dieser Institution erzwingt sie von Wotan den Tod Siegmunds. Freia, die Göttin von Jugend und Schönheit, ist ihre Schwester. Aus verschiedenen alten Mythen entnimmt Wagner die goldenen Äpfel, die sie in ihrem Garten hegt und die den Göttern ewige Jugend verleihen.

9. In vielen Mythologien gibt es neben Erd- und Wassergeistern auch solche der Luft. Von ihnen zu den christlichen Engeln gibt es Brücken. Wagner gestaltet sie zu Walküren, kriegerischen Mädchen – und Wotanstöchtern –, die der oberste Gott im Kampf irdischer Helden einsetzt und die ihm die gefallenen Krieger nach Walhall führen müssen. Aus dem »Ungehorsam« seiner Lieblingstochter Brünnhilde erwächst das Drama, dem Wagner in der Tetralogie einen hohen Rang zuweist; denn Brünnhildes Handeln gegen den Wortlaut von

Wotans Gebot – aber im Einklang mit seinen tiefsten Wünschen und Sehnsüchten – führt zu ihrer Bestrafung, aus der letzten Endes ihr kurzer aber glücklicher Bund mit Siegfried entsteht. Uralten Sagen entnahm Wagner die Gestalten der »Rheintöchter«, jener Nixen, die in der Tiefe des Stromes in vormenschlichen Zeiten das Rheingold, den mythischen Schatz, hüten. Es sind »Undinen«, wie sie in Sagen aller Völker vorkommen und oft zu Theatergestalten gemacht wurden.

10. Die zweifellos packendsten Figuren in Wagners *Rheingold*-Dichtung sind Alberich und Loge. Aus Dichtung wie Musik spürt man, wie warm Wagners Herz zeitweise mit beiden schlägt, so sehr er sie auch als Außenseiter zeichnet. Alberichs flehentliches Begehren der Rheintöchter, das von diesen mit schmerzendem Hohn zurückgewiesen wird, läßt ihn von der ersten Szene an als Verlierer erkennen; die dramatischste Begegnung des Werkes, die vielleicht tragischste und ergreifendste in diesem *Vorspiel* ist gewiß jene, in der Wotan ihm, dem Gefesselten und Schwächeren, gewaltsam den Ring vom Finger reißt: Die Welt stürzt in diesem Augenblick über Alberich zusammen, und niemand kann ihm den furchtbaren Fluch übelnehmen, den er über das verlorene Kleinod spricht. Ganz anders geartet ist Loge, der Gott des Feuers; auch er ist kein ganz Vollgenommener, aber seine Schlauheit weiß sich zu rächen. Er ist allen anderen überlegen, und es macht ihm offenkundig Spaß, das gesamte Spiel beinahe unfühlbar zu leiten und zu lenken. Er kennt keine Moral, sie berührt, bewegt ihn nicht. Er ist Wotans erster Ratgeber, aber er hat sich nicht auf immer zu den Göttern geschlagen.

11. Ist der *Ring des Nibelungen* ein »unmoralisches« Drama? Es ließe sich, ginge es darum, das Gegenteil beweisen: Die bösen Taten rächen sich, der Zusammenbruch macht auch vor den einst Mächtigen nicht halt. Aber zu den zahllosen Vorwürfen, die gegen Wagner und sein Werk erhoben wurden, gehörte auch jener der Unmoral. Ein *aufrechter Kunstfreund und Gesetzeskenner* (so die Ankündigung des Verlags) hat vor Jahren ein Büchlein herausgegeben, in dem »die strafrechtlich verfolgbaren Taten« der Wagnerschen

Figuren im *Ring des Nibelungen* untersucht und »Urteile« über sie gesprochen werden, wie ein modernes Gericht sie etwa fällen könnte. Natürlich ist ein solches »Verfahren« von vornherein unsinnig. *Edda* und *Nibelungenlied* sind, gerade wie die Bibel, keine Kinderlektüre; es geht in ihnen grausam zu, der Stärkere siegt, nicht das Recht; Rache tritt an die Stelle von Strafe oder Sühne. Alberich begeht Diebstahl und Raub, er macht sich ferner der Mißhandlung seines Bruders schuldig. Fafner und Fasolt vollziehen eine Geiselnahme. Fafner begeht einen Mord (der allerdings heute eher als Totschlag qualifiziert würde). Loge ist der Anstiftung zum Raub, der Beihilfe zur gewaltsamen Entführung (Alberichs) schuldig. Am schlimmsten steht es – schon hier! – um das »Sündenregister« Wotans: Raub unter Gewaltanwendung, Entführung, Vertragsbruch, Vorenthaltung fremden Eigentums. (In den folgenden Dramen häuft er Vergehen auf Verbrechen: Ehebruch, Anstiftung zum Mord...) Aber, wozu aufzählen? Der *Ring des Nibelungen* ist kein modernes Kriminalstück, sondern eine gigantische Schau aus fernen Urtagen der Welt. Sie ist aktuell und wird es immer sein – solange wir nicht versuchen, ihre Gestalten in Gewänder aus unseren Tagen zu stecken und sie damit ihres größten Wertes zu berauben: der Zeitlosigkeit...

12. Soviel über Gedicht und Inhalt des *Rheingold* zu sagen ist, müßte auch über seine Musik berichtet werden. Der lange Es-Dur-Dreiklang zu seinem Beginn ist einmalig in der Geschichte. Wollte man solche Unsinnigkeiten auf künstlerisches Gebiet übertragen: Er stünde im *Buch der Rekorde*. Nicht weniger als 136 Takte lang erklingt, in kaum bewegter Form, die gleiche Harmonie; sie malt das Ziehen des Stromes, die Zeitlosigkeit, die Urnatur vor Auftauchen des Menschen auf der Erde. Die Es-Dur-Harmonie erstreckt sich über einen Zeitraum von 400 bis 450 Sekunden, also etwa sieben Minuten.

Zum Vergleich: ein »klassisches« Lied erfordert durchschnittlich 2 bis 3 Minuten. Wagner, der schon in der Instrumentation des *Lohengrin*-Vorspiels ganz neue Wege beschritten hatte, ja vielleicht die erste »Klangfarben-Komposition« schuf, geht hier einen großen Schritt weiter: Ein sehr

Herbert von Karajan bei einer Probe mit
Karl Ridderbusch (Fafner) und Martti Talvela (Fasolt)
in Salzburg, 1968

einfaches Motiv – ein aufsteigender Dur-Dreiklang – wird durch eine neue Orchestertechnik fast zum sinfonischen Gedicht ausgestaltet.
13. Das Wort »Motiv« ist gefallen, eines der wichtigsten bei der musikalischen Betrachtung von Wagners Werken. Die Motive – später mit einem von einem Wagnerjünger geprägten sinngemäßen Namen »Leitmotive« genannt – bilden den Grundstock der *Ring des Nibelungen*-Komposition. Gewissenhafte Analytiker haben sich bemüht, das »Skelett« dieser Musik durch Aufspüren aller von Wagner darin verwendeten Leitmotive bloßzulegen. Das ergibt eine recht interessante Arbeit, aber man hat diese übertrieben. Zwar hilft die genaue Kenntnis der Leitmotive dem Hörer, die wichtigsten musikalischen Bausteine zu erkennen, sie sinngemäß mit der Handlung und deren Hintergründen zu verknüpfen. Aber es besteht die Gefahr, durch eine solche Analyse »den Wald vor lauter Bäumen nicht zu sehen«. Denn Wagners Komposition ist mehr als eine noch so kunstvolle Aneinanderreihung von Leitmotiven. Unsere Empfehlung an den Hörer – vor allem den wagnerungewohnten Hörer – geht dahin, zuerst die Musik in ihrer Gesamtheit auf sich einwirken zu lassen, bevor man daran geht, sie anhand der Leitmotive zu zergliedern.
14. In keinem anderen Musikwerk spielt das Leitmotiv eine so starke und gewichtige Rolle wie im *Ring des Nibelungen*. Die Tetralogie stellt in dieser Hinsicht den Höhepunkt in Wagners Schaffen dar. Nicht nur die Zahl der von ihm verwendeten Leitmotive dürfte in keinem anderen seiner Werke so hoch sein wie hier; auch die Kunst ihrer Verarbeitung, die Meisterschaft ihrer Bezüge zu Sinn und Inhalt, übersteigen alle Vergleichsmöglichkeiten. Wagner hat das Leitmotiv nicht erfunden, so wie er die Gestalten dieses Werkes nur zum kleinsten Teil erfunden hat, aber er hat aus bestehenden Elementen etwas völlig Neues geschaffen. Ein »Leitmotiv« gab es bereits in Mozarts *Così fan tutte*; Grillparzer rät Beethoven bei der Besprechung eines Opernlibrettos zur Anwendung solcher Motive; in Berlioz' *Symphonie fantastique* ist ein Leitmotiv unüberhörbar, das sich durch alle Sätze zieht (der Komponist nennt es, sehr bezeichnend, eine

»idée fixe«); Liszt verwendet ab und zu eine ähnliche Kompositionsweise. Es ist ja schließlich naheliegend, im Hörer durch Verwendung einer knappen, sehr plastischen Tonfolge eine Erinnerung an vorher Gehörtes wachhalten oder heraufrufen zu wollen. Wagner baut diese »Erinnerungsmotive« weiter aus, verbindet sie mit Gestalten, Gegenständen, Vorstellungen, Gedanken. Seine Anwendung solcher Motive – sie sind bereits im *Fliegenden Holländer* vorhanden – verdichtet sich immer mehr und wird immer einfallsreicher. Aus einer einfachen Verdoppelung – die Musik unterstreicht, was der Text sagt – gelangt er zu einer viel raffinierteren Anwendung dieser Technik, mit deren Hilfe er z. B. den Hörer Dinge ahnen und wissen läßt, von denen die handelnden Personen auf der Bühne noch keine Ahnung haben. Im *Walküre*-Band werden mehrere solcher Fälle aufgezeigt werden.

15. Trotz der unleugbaren Wichtigkeit, die solche Leitmotive für Wagners Kompositionstechnik besitzen, wäre es falsch, ihn als »Zusammensetzer von Motiven« zu betrachten. Gerade so falsch, wie in einem großen Mosaik nichts anderes als die kleinen Steinchen betrachten zu wollen, aus denen es zusammengesetzt ist. Gerade Wagners Werke zeichnen sie, wie wenige, durch größte Konzeption aus, sie sind weiträumig ersonnen und ausgeführt. So sollen sie auch verstanden werden.

Leitmotiv-Tafel[1]

Einige der wichtigsten musikalischen Motive[2] aus *Rheingold* in ihren Urformen oder meistgebrauchten Formen. Sie kommen, neben vielen anderen, auch in den weiteren Dramen des *Ring des Nibelungen* vor. Die angegebenen Deutungen gehen zwar über einfache Benennungen hinaus, können aber keinesfalls erschöpfend sein.

LM 1 Der Rhein, die unberührte Natur in Urzeiten:

LM 2 Der Rhein als ruhig dahinziehendes Wasser:

---

[1] Wir verwenden den Ausdruck »Leitmotiv«, der nach Wagners Tod von Hans von Wolzogen, dem Herausgeber der *Bayreuther Blätter*, geschaffen wurde; er ist heute allgemein als Bezeichnung für die Tonfolgen akzeptiert, die Wagner selbst »Grundthemen« nannte.

[2] Die Ziffern sind nicht mit den Nummern in der musikalischen Analyse identisch.

LM 3 Der Gesang der Rheintöchter, Spiellied im Sonnenglanz, heitere Welt legendärer Vorzeit:

LM 4 Das Rheingold-Motiv der Rheintöchter:

LM 5 Das Rheingold, gewissermaßen noch Bestandteil der noch nicht entweihten Natur:

LEITMOTIVE

LM 6 Der aus dem Rheingold geschmiedete Ring, Symbol der Macht, aber auch der Habgier, des materiellen Denkens:

LM 6a Vereinfachte Form des Ring-Motivs:

LM 7 Motiv des Liebesverzichts, Bedingung für den Erwerb des Goldes:

LM 8 Walhall, die Götterburg, auch Motiv Wotans, des höchsten Gottes, Symbol für die Göttermacht:

LM 9   Die heilige Lanze Wotans, in die symbolisch Pakte und Verträge eingeritzt werden; also auch Motive der Pakte, der Vertragstreue:

LM 10   Die goldenen Äpfel der Göttin Freia, Sinnbild für die ewige Jugend der Götter:

LM 11   Die Göttin Freia als Ausdruck der Jugend und Schönheit, aber auch der Liebe, der Liebessehnsucht:

LM 12   Die Riesen, die derbe, undifferenzierte Kraft:

LM 13 Eine der Formen des Loge-Motivs, Gott des Feuers, der Schlauheit, aber auch der Falschheit, der Unberechenbarkeit:

LM 14 Schmiede-Motiv der Nibelungen, Ausdruck für rastlose, fronartige Arbeit, vielleicht Symbol des Proletariertums:

LM 15 Der Tarnhelm, die geheimnisvolle Verwandlung in fremde Gestalt:

LM 16 Der Riesenwurm (in den Alberich sich vor den Göttern verwandelt, später der Drachen im finsteren Wald, als Gestalt des seinen Schatz hütenden Riesen Fafner):

LM 17 Alberichs Fluch, der fortan über dem Ring liegt:

LM 18 Alberichs Rachegedanken, die ihn nie mehr verlassen:

LM 19 Erda, die »Urmutter«, Sinnbild der Weisheit, der prophetischen Voraussicht, geheimnisvolle Urkraft der Natur:

LM 20 Die Götterdämmerung, der Weltuntergang, im *Rheingold* von Erda vorausgesagt, musikalisch das Spiegelbild des Erda-Motivs (absteigende Tonfolge statt der aufsteigenden):

LM 21 Motiv des Gottes Donner, Symbol der Naturkräfte (und wie alle Naturkraft-Motive Wagners aus reinen Dreiklangsnoten gebaut):

LM 22 Der Regenbogen (ebenfalls ein Natur-Motiv), über den die Götter in die neuerbaute Burg Walhall schreiten:

Biographische Daten Richard Wagners

(unter besonderer Berücksichtigung der Entstehung und der ersten Aufführungen des *Rings des Nibelungen*)

1813 Am 22. Mai wird Richard Wagner in Leipzig geboren und am 16. August in der Leipziger Thomaskirche – an der Bach während der letzten 27 Jahre seines Lebens tätig gewesen war – getauft.
Am 23. November stirbt sein Vater Carl Friedrich Wilhelm Wagner, 43jährig, an Typhus.

1814 Wagners Mutter, Johanne Rosine, geborene Pätz aus Weißenfels, heiratet mit 36 Jahren den gleichaltrigen Schauspieler und Dichter Ludwig Geyer.
Übersiedlung nach Dresden, wo Geyer am Theater tätig ist.

1821 Tod Ludwig Geyers (30. September).

1822 Wagner kommt – übrigens unter dem Namen »Richard Geyer«, den er bis zu seiner Konfirmation beibehält – auf die Kreuzschule.

1827 Wagner wird am 8. April in der Dresdener Kreuzkirche konfirmiert.

1828 Nach der Übersiedlung von Dresden nach Leipzig tritt Wagner in das dortige Nicolaigymnasium ein.

1829 Er erlebt die große dramatische Sängerin Wilhelmine Schröder-Devrient in ihrer Rolle als Fidelio und wird dadurch entscheidend zum Künstlerberuf gedrängt, schwankt aber noch jahrelang zwischen seinen beiden Talenten: der Musik und der Dichtung. Schließlich wird ihm bewußt, daß er – wie nur sehr wenige vor ihm – beide verbinden könnte und müßte.

1830 Im Dezember wird im Leipziger Theater zum ersten Mal ein Werk Wagners öffentlich aufgeführt: eine Ouvertüre für Orchester in B-Dur.

1831 Wagner beginnt erste musikalische Studien beim Kantor der Thomaskirche, Theodor Weinlig, dessen er in seinen Memoiren dankbar gedenken wird, allerdings nicht ohne hinzuzufügen, daß sich *das Komponieren in Wahrheit nicht lehren* ließe.

Wagners Geburtshaus in Leipzig
(»Haus zum Rot und Weißen Löwen« am Brühl)

Theodor Weinlig,
Thomas-Kantor und Wagners Lehrer in Leipzig, 1831

1832	Erster Druck einer Komposition Wagners, einer Klaviersonate in B-Dur, bei Breitkopf & Härtel in Leipzig. Fragmente einer Oper *Die Hochzeit*.
1833	Wagner arbeitet an seiner ersten wirklich fertiggestellten Oper: *Die Feen*. Er wird Chordirektor am Theater in Würzburg.
1834	Wagner betätigt sich erstmals musikschriftstellerisch (*Die deutsche Oper*). Im Juli nimmt er eine Stellung an der kleinen Sommerbühne in Bad Lauchstädt an, wo er seine spätere Gattin, die Schauspielerin Minna Planer, kennenlernt. Im Herbst wird er Kapellmeister in Magdeburg.
1835	Wagner arbeitet an der Oper *Das Liebesverbot*.
1836	Uraufführung der Oper *Das Liebesverbot* in Magdeburg. Wagner geht nach Königsberg und Memel. In Königsberg heiratet Wagner Minna Planer (am 24. November).

1837	Wagner wird Kapellmeister in Königsberg, aber nach kurzer Zeit bricht das Theater unter einer Schuldenlast zusammen. Auch Wagner kann – nicht zum ersten und schon gar nicht zum letzten Mal – seinen persönlichen Verpflichtungen nicht nachkommen. Flucht nach Dresden. Er entwirft *Rienzi* und reist nach Riga, mit dessen Theater er für die kommende Saison einen Vertrag als Kapellmeister abgeschlossen hat.
1838	Wagner dichtet *Rienzi* und beginnt mit der Komposition.
1839	Von Gläubigern bedrängt und mit seiner Tätigkeit unzufrieden, flieht Wagner mit Minna und seinem Neufundländer an Bord eines Segelschiffs von Pillau (Ostsee) westwärts, erreicht England und (am 20. August) Frankreich. In Boulogne-sur-Mer lernt er den zufällig dort anwesenden Komponisten Giacomo Meyerbeer kennen. Am 17. September Ankunft in Paris, womit eine der bedrückendsten Epochen in Wagners Leben beginnt.
1840	Ein Pariser Theater nimmt auf Meyerbeers Empfehlung *Das Liebesverbot* Wagners zur Aufführung an, muß aber vor dem vereinbarten Datum wegen Geldmangels seine Tore schließen. Wagner arbeitet an *Rienzi* sowie am Prosaentwurf des *Fliegenden Holländer*, den er der Pariser Oper unterbreitet. Von seinen schriftstellerischen Arbeiten erscheint *Über deutsche Musik* sowie *Eine Pilgerfahrt zu Beethoven*. Wagner lernt Liszt kennen. Kümmerliche Brotarbeit für den Pariser Verleger Maurice Schlesinger. Anfrage an die Dresdener Oper, *Rienzi* aufzuführen.
1841	Weitere Prosaarbeiten erscheinen in Paris. Dresden nimmt, vor allem über Meyerbeers Empfehlung, *Rienzi* zur Uraufführung an. Die Pariser Oper interessiert sich für den *Fliegenden Holländer*, wenn auch anders als erhofft: Sie kauft Wagner den Entwurf für 500 Francs ab, um ihn von einem ihrer Kapellmeister (Pierre Louis Philippe Dietsch, der 20 Jahre später den *Tannhäuser* in Paris dirigieren wird) komponieren zu lassen. Wagner

BIOGRAPHIE

Richard Wagners Wohnhaus in Riga

setzt trotzdem seine eigene Arbeit an diesem Werk fort, Ende November sendet er die fertige Partitur an die Berliner Oper.

1842 Wagner lernt nicht nur die Volksbücher *Der Venusberg* und *Der Sängerkrieg auf Wartburg* kennen – aus denen seine Oper *Tannhäuser* später hervorgeht –, sondern liest im Jahrbuch der Königsberger Deutschen Gesellschaft einen Aufsatz über das Lohengrin-Epos. Während Tannhäuser und besonders der Sängerwettstreit ihn sofort fesseln (*Eine ganz neue Welt war mir hiermit aufgegangen*, schreibt er später in *Mein Leben*), tritt er zum Lohengrin-Stoff noch in keine nähere Beziehung.

Verzögerung der *Rienzi*-Uraufführung in Dresden, hingegen Interesse in Berlin (dank der *wahrhaftigen und energischen Teilnahme Meyerbeers*) für den *Fliegenden Holländer*.

Am 7. April Aufbruch aus Paris, Fahrt über den Rhein, durch Thüringen, wo angesichts der Wartburg Tannhäuser-Ideen in ihm Gestalt annehmen, nach Dresden. Im Juni Beginn der Arbeit an *Tannhäuser*, im Juli der Proben zu *Rienzi*. 20. Oktober: Uraufführung des *Rienzi* in Dresden. Trotz über sechsstündiger Dauer stürmischer Erfolg.

1843 Am 2. Januar Uraufführung des *Fliegenden Holländer* in Dresden; viel schwächerer Beifall. Wilhelmine Schröder-Devrient in der Rolle der Senta (auf ihrem vielleicht letzten Höhepunkt). 2. Februar: Wagner wird königlich-sächsischer Hofkapellmeister. Hoffnung auf eine gänzliche Neuorganisation des deutschen Opernwesens. Er vollendet die Dichtung zu *Tannhäuser*, Beginn der Komposition.

1844 Wagner dirigiert die erste Aufführung des *Fliegenden Holländer* in Berlin (7. Januar) und die Erstaufführung des *Rienzi* in Hamburg (21. März).
Organisation der Beisetzung Carl Maria von Webers in Dresden mit Wagners Trauermusik und -rede.

1845 Vollendung des *Tannhäuser* (13. April). Im Juli Urlaub in Marienbad; dort erster Prosaentwurf für *Die Meistersinger von Nürnberg* und *Lohengrin*. 19. Oktober: Uraufführung des *Tannhäuser* in Dresden.

1846 Aufsätze Wagners über Beethovens »Neunte« als Vorbereitung einer von ihm geleiteten Dresdener Aufführung, der Pionier- und Modellcharakter zukommt.
Beginn der musikalischen Arbeit an *Lohengrin*; Unterbrechung im Dezember, um Glucks *Iphigenie in Aulis* für eine Aufführung zu bearbeiten.

1847 Wiederaufnahme der Arbeit an *Lohengrin*. 24. Oktober: Erstaufführung des *Rienzi* in Berlin unter Wagners Leitung.

1848 Tod der Mutter in Leipzig (9. Januar). Beginn der Partitur-Niederschrift des *Lohengrin* am 1. Januar, Beendigung am 28. April.
Wagner beschäftigt sich mit Fragen der Theaterorganisation, auch mit Politik, hält Vorträge über *Republik und Königtum*. Liszt verbringt einige Tage mit Wagner in Dresden. Der russische Anarchist Michail Bakunin kommt auf der Flucht aus seiner Heimat nach Dresden,

wo er mit Wagner und dessen engem Freund Röckel in Verbindung kommt.

Im Juli weilt Wagner vierzehn Tage in Wien, wo er Pläne *zur Reformierung des Theaterwesens* entwickelt. Im Spätsommer legt Wagner einen Dramenentwurf zu einem Barbarossa-Stück (*Friedrich I.*) beiseite und interessiert sich, zuerst in einem Aufsatz oder einer Studie, für *Die Nibelungen, Weltgeschichte aus der Sage* (ursprünglich: *Die Wibelungen*). Am 4. Oktober schreibt er den Prosaentwuft *Die Nibelungen-Saga*, die er später unter dem Titel *Der Nibelungen-Mythos, als Entwurf zu einem Drama* veröffentlicht. Bei der weiteren Arbeit an diesem Stoff schließt Wagner am 20. Oktober die Prosafassung zu *Siegfrieds Tod* ab, der späteren *Götterdämmerung*. Der Ring des Nibelungen entsteht also in umgekehrter Reihenfolge – vom Ende zum Anfang. Wagner liest im Dezember einer Freundesgruppe Siegfrieds Tod vor.

Unruhen, Aufstände, Revolutionen in weiten Teilen Europas; Wagner steht mehr küntlerisch als politisch eindeutig auf seiten von Reform und Umsturz.

1849 Wagner schildert in einem später nicht ausgeführten, aber im einzelnen niedergelegten Drama *Jesus von Nazareth* diesen als Sozialrevolutionär. Am 30. April Ausbruch der Aufstände in Dresden. In der Nacht vom 9. zum 10. Mai Flucht Wagners aus Dresden über Chemnitz nach Weimar, wo Liszt ihn mit Geld und einem falschen Paß ausstattet.

Am 28. Mai Ankunft in Zürich. Am nächsten Tag schon liest Wagner den Stadtschreibern Sulzer und Hagenbuch *Siegfrieds Tod* vor; sie gewähren ihm einen Schweizer Paß, mit dem er am 30. Mai nach Paris reist. Mit Liszts geldlicher Zuwendung kehrt Wagner am 6. Juli nach Zürich zurück, wo er sich niederläßt. Er beschäftigt sich mit Aufsätzen über zahlreiche politische und kunstpolitische Fragen. Im September arbeitet er am *Nibelungen*-Entwurf, gegen Ende des Jahres interessiert ihn ein Drama *Wieland der Schmied*, das er aber nicht vollendet.

> **Steckbrief.**
> Der unten etwas näher bezeichnete Königl. Capellmeister
> **Richard Wagner** von hier
> ist wegen wesentlicher Theilnahme an der in hiesiger Stadt stattgefundenen aufrührerischen Bewegung zur Untersuchung zu ziehen, zur Zeit aber nicht zu erlangen gewesen. Es werden daher alle Polizeibehörden auf denselben aufmerksam gemacht und ersucht, Wagnern im Betretungsfalle zu verhaften und davon uns schleunigst Nachricht zu ertheilen.
> Dresden, den 16. Mai 1849.
> Die Stadt=Polizei=Deputation.
> **von Oppell.**
> Wagner ist 37—38 Jahre alt, mittler Statur, hat braunes Haar und trägt eine Brille.

Der Steckbrief gegen Richard Wagner, den die Dresdener Polizei am 16. Mai 1849 erläßt

1850 Wagner dirigiert (am 15. Januar) erstmals in Zürich. Monatelang Liebeswirren: ein Fluchtplan mit der jungen Französin Jessie Laussot, Tochter einer Mäzenin Wagners und in Bordeaux verheiratet, scheitert, ebenso scheitern Wagners künstlerische Bemühungen in Paris, Rückkehr nach Zürich – zu seiner Gattin Minna – Anfang Juli. Am 12. August beginnt Wagner, sich mit der Komposition von *Siegfrieds Tod* zu beschäftigen, es entstehen einige später beibehaltene musikalische Motive.

Am 28. August Uraufführung des *Lohengrin* in Weimar unter Leitung von Franz Liszt und in Abwesenheit des exilierten Wagner. Eine Aufführung von *Oper und Drama*, eine von Wagners wichtigsten theoretischen Schriften, entsteht.

1851 Wagner erkennt die Notwendigkeit, *Siegfrieds Tod* ein Drama voranzustellen, das die Vorgeschichte Siegfrieds erklären soll: Anfang Mai skizziert er in wenigen Tagen *Der Junge Siegfried* (später: *Siegfried* genannt) und legt ihn sofort in einem ausführlichen Prosaentwurf nieder. Vom 3. und 24. Juni entsteht das Textbuch des *Jungen Siegfried*. Im Juli arbeitet Wagner an der autobiographischen Abhandlung *Eine Mitteilung an meine Freunde*. Das Thema des Walkürenritts (im späteren Musikdrama *Die Walküle* verwendet) entsteht am 23. Juli.

Im Sommer muß Wagner erste Gedanken und Pläne zur Ausgestaltung des Nibelungendramas in vier einzelnen Stücken gefaßt haben. Er will *dereinst in Laufe dreier Tage mit einem Vorabende jene drei Dramen nebst einem Vorspiel aufführen*, wie er in der *Mitteilung* niederlegt, die hierfür *ein eigenes dazu bestimmtes Fest* vorsieht. Es ist der klar ausgesprochene Festpiel-Gedanke, im Gegensatz zum üblichen »Theaterbetrieb«, von dem Wagner sich immer stärker zu lösen sucht. Der Grundgedanke zum *Nibelungen*-Zyklus taucht in mehreren Briefen auf. Der November (1851) darf hierfür als entscheidendes Datum angesehen werden: vom 3. bis 11. skizziert Wagner *Das Rheingold*, das er ursprünglich den *Raub des Rheingolds* nennt, anschließend – bis etwa zum 20. – *Die Walküre*. Dies geschieht in der Wasserheilanstalt Albisbrunn bei Zürich. Von dort geht auch (am 12. November) ein Brief an seinen Freund Theodor Uhlig, in dem steht:

... Mit dieser meiner neuen Konzeption trete ich gänzlich aus allem Bezug zu unserem heutigen Theater und Publikum heraus... die nächste Revolution muß not-

wendig unserer ganzen Theaterwirtschaft das Ende bringen... Aus den Trümmern rufe ich mir dann zusammen, was ich brauche: ich werde, was ich bedarf, dann finden. Am Rheine schlage ich dann ein Theater auf, und lade zu einem großen dramatischen Feste ein: Nach einem Jahr Vorbereitung führe ich dann im Laufe von vier Tagen mein ganzes Werk auf...

Um diesen kühnen Plan in die Wirklichkeit umsetzen zu können, bedarf es noch ziemlich genau eines Vierteljahrhunderts.

1852 Wagner dirigiert Opernvorstellungen in Zürich. Bei einem von ihm geleiteten Beethoven-Konzert lernt er Otto und Mathilde Wesendonck kennen (Ende Februar). Arbeit an *Rheingold* und *Walküre*; vom 1. Juni bis 1. Juli schreibt Wagner die »Urschrift« der *Walküre* nieder, die des *Rheingold* wird vom 15. September bis 3. November verfaßt. Anschließend bringt Wagner die beiden anderen Dichtungen in Übereinstimmung mit dem neuen, endgültigen Gesamtkonzept, zuerst *Der junge Siegfried*, der nun den Namen *Siegfried* erhält, später *Siegfrieds Tod*, der in *Götterdämmerung* umbenannt wird. Am 15. Dezember ist die gesamte Dichtung *Ring des Nibelungen* zu Papier gebracht. Am 18. desselben Monats liest Wagner die beiden ersten dieser Dramen, am 19. die zwei folgenden einem kleinen Freundeskreis im Hause des Ehepaares Wille in Mariafeld-Meilen bei Zürich vor.

1853 Im Februar erscheinen 50 Exemplare des *Ring des Nibelungen* als Privatdruck in Zürich. An vier Abenden dieses Monats (16., 17., 18., 19.) liest Wagner diese Dichtung im Zürcher Hotel »Baur au Lac« einer Gruppe von Freunden und Kunstinteressierten vor. Am 18., 20. und 22. Mai dirigiert er in drei Konzerten in der gleichen Stadt Bruchstücke aus verschiedenen seiner früheren Werke.

Liszt kommt Anfang Juli zu Besuch, gemeinsam mit dem Dichter Georg Herwegh besteigen sie am 7. Juli das Rütli – die historische Bergwiese, auf der 1291 der Schwur zur Gründung der Schweiz erfolgte –, wo sie feierlich aus Quellen Bruderschaft trinken. Wagner entwickelt seinen Festspielgedanken, den er sich nun in Zürich verwirklicht denken kann, Liszt verspricht Unterstützung. Wagner und Herwegh reisen durch die Schweizer Bergwelt, wo Wagner des öfteren Visionen für künftige Szenen seines *Rings* hat. Ende August fährt Wagner nach Italien, am 5. September fällt ihm in einem starken Traum- oder Halbschlaferlebnis in Spezia die Musik zum *Rheingold*-Vorspiel ein. Er kehrt sofort nach Zürich zurück, um die Komposition zu beginnen. Verschiedene Ereignisse verzögern die Ausführung: eine Reise mit Liszt nach Paris (wo Wagner die sechzehnjährige Cosima zum ersten Male sieht), ein Treffen mit mehreren prominenten Musikern in Basel. Überall liest Wagner aus seinem *Ring* vor. Am 1. November beginnt die Komposition: In zehn Wochen (bis Mitte Januar 1854) entsteht die vollständige musikalische Skizze des *Rheingold*.

1854 Die Arbeit an der Partitur schließt sich an. Deren »Erstschrift« ist am 28. Mai, die endgültige Ausarbeitung am 26. September beendet. Im Oktober scheint der erste Gedanke zu *Tristan und Isolde* bei Wagner entstanden zu sein, Frucht seiner (zum Teil unter dem Einfluß der Lektüre Schopenhauers) immer pessimistischer werdenden Gedanken sowie der ihn bald stark fesselnden Liebesgefühle für Mathilde Wesendonck. Die Kompositionsskizze zur *Walküre* entsteht vom 28. Juni bis 27. Dezember, während wachsende Geldsorgen ihn bedrängen, die schießlich – vorübergehend – durch Wesendonck beseitigt werden.

1855 Anfang Januar beginnt Wagner mit der Partitur-Erstschrift der *Walküre*. Ohne diese noch ganz abgeschlossen zu haben, geht er, gegen seine sonstige Gewohnheit, am 14. Juli an die Partitur-Reinschrift und führt nun beide Arbeiten parallel durch. Im Dezember beschäftigt er sich wieder mit *Tristan und Isolde*. Sein Gesundheitszustand verschlechtert sich, er leidet unter mehreren Anfällen von Gesichtsrose oder *nervöser Allergie* (Gregor-Dellin).

1856 Am 23. März vollendet Wagner die *Walküre*. Längere Zeit beschäftigt ihn ein geplantes Drama *Die Sieger* mit buddhistischen Gedankengängen. Im Juni erfolgt die endgültige Umbenennung von *Siegfrieds Jugend* oder *Der junge Siegfried* in *Siegfried* und von *Siegfrieds Tod* in *Götterdämmerung*. Erfolgreiche Kur Wagners in einer Wasserheilanstalt von Mornex (französische Schweiz). Im Spätsommer beginnt Wagner mit der Komposition des *Siegfried*, am 22. September mit der Orchesterskizze des I. Aktes, am 11. Oktober mit dessen Partitur. Zur Feier von Liszts 45. Geburtstag versammeln viele seiner Freunde sich mit ihm in Zürich, Wagner improvisiert (am 22. Oktober) eine Aufführung des I. Akts der *Walküre*, bei der er selbst die beiden männlichen Rollen singt, Frau Emilie Heim die *Sieglinde* und der phänomenal vom Blatt spielende Liszt am Klavier den Orchesterpart ausführt. Am 23. November dirigieren Liszt und Wagner gemeinsam ein Sinfoniekonzert in St. Gallen. Am 1. Dezember nimmt Wagner die einige Zeit unterbrochene Kompositionsarbeit an *Siegfried* wieder auf, vom 19. dieses Monats an beschäftigen ihn während einiger Tage verschiedene musikalische Themen zu *Tristan und Isolde*.

1857 Am 20. Januar schließt Wagner die Kompositionsskizze des ersten Aktes, am 5. Februar die Orchesterskizze dieses Aktes von *Siegfried* ab. Er kann auch noch die Partitur-Erstschrift im März vollenden. Dann unterbrechen verschiedene Ereignisse diese Arbeit.
Wesendonck hat dem Ehepaar Wagner ein kleines Haus neben seiner im Bau befindlichen prächtigen Villa – heute Rietbergmuseum – im Vorort Enge am Zürichsee zur Verfügung gestellt. Wagner bezieht dieses »Asyl« am 28. April. Am 12. Mai beginnt er dort mit der Partitur-Reinschrift der vollendeten Teile des *Siegfried*, am 22. Mai mit der Kompositionsskizze des zweiten Aktes. Am 18. Juni geht er an die Orchesterskizze zum zweiten Akt, aber sie gerät nur noch bis zur Szene des *Waldwebens*. Am 27. Juni unterbricht Wagner, um sich mit ganzer Kraft in die Komposition des ihn unab-

Richard Wagners »Asyl« neben der Villa Wesendonck
im Zürcher Vorort Enge

weislich bedrängenden *Tristan* zu stürzen. Am 13. Juli kehrt er überraschend nochmals zu *Siegfried* zurück und beendet die Orchesterskizze des zweiten Aktes, bevor er am 9. August den *Ring des Nibelungen* für lange Zeit beiseite legt.

Am 5. September kommt es zum seltsamen, »historischen« Zusammentreffen dreier Frauen an Wagners Tisch: seiner Gattin Minna, der von ihm glühend geliebten Mathilde Wesendonck sowie seiner späteren Gattin Cosima, geborener Liszt, die sich soeben mit ihrem Gemahl Hans von Bülow, einem begeisteren »Wagnerianer«, auf Hochzeitsreise in Zürich aufhält. Wagner liest aus *Siegfried* vor. Gegen Ende des Jahres komponiert Wagner fünf Gedichte Mathilde Wesendoncks, die ihr völliges geistiges und seelisches Eindringen in Wagners Welt zeigen.

1858   Arbeit an der *Tristan und Isolde*, wachsende Spannungen durch die immer enger werdende Beziehung Wagners zu Mathilde, von ihm im Rückblick verharmlosend nachbarliche Verwirrung genannt. Am 17. August Flucht Wagners aus dem »Asyl«, das Minna auflöst. Vorübergehende Niederlassung in Venedig.

1859 Am 28. März trifft Wagner im Luzerner Hotel »Schweizerhof« ein, wo er am 6. August die Paritur von *Tristan und Isolde* vollendet. Gegen Mitte September Niederlassung in Paris, wo Minna am 17. November eintrifft.

1860 Amnestie Wagners in Deutschland (außer Sachsen); er betritt am 12. August zum ersten Mal seit mehr als elf Jahren wieder deutschen Boden. Ende September fährt er nach Paris, um die Aufführung seines *Tannhäuser* vorzubereiten.

1861 Die denkwürdige, im Skandal fast untergegangene Aufführung des *Tannhäuser* in der Pariser Oper am 13. März. Wagner zieht nach weiteren zwei ebenfalls stark gestörten Aufführungen das Werk zurück. Am 11. Mai hört Wagner in Wien bei einer Probe seinen *Lohengrin* zum ersten Mal, am 15. Mai wird er bei der Aufführung stürmisch bejubelt. Wagner reist über Zürich, Karlsruhe nach Paris, dann nach Deutschland (Weimar, Nürnberg, München) und schließlich nach Salzburg, Wien, Venedig und zurück nach Wien. Am 1. Dezember trifft Wagner im Mainzer Verlagshaus Schott zu Verhandlungen mit dessen Inhaber Franz Schott ein; Weiterreise nach Paris.

1862 Auch dieses Jahr ist von stärkster Unrast gezeichnet. Niederlassung in Biebrich, Fahrten nach Karlsruhe, wo *Tristan und Isolde* uraufgeführt werden soll. Wagner dirigiert (am 12. September in Frankfurt) zum ersten Mal selbst seinen *Lohengrin*. Reisen nach Leipzig und Dresden (wo er Minna trifft, von der er endgültig getrennt scheint), Wien (wo der Kritiker Eduard Hanslick sich bei einer Lesung der *Meistersinger von Nürnberg* in der Figur des Beckmesser persönlich angegriffen fühlt und von nun an Wagners Feind wird).

1863 Wagner publiziert das im Vorjahr verfaßte *Vorwort zur Herausgabe der Dichtung des Bühnenfestspiels »Der Ring des Nibelungen«*, in dem er den Festspiel-Gedanken von neuem aufgreift und sich dafür eine minder große Stadt wünscht, wo ein Festspielhaus zu errichten

In der damaligen Vorstadt von Wien – in Penzing – wohnte
Richard Wagner während der Jahre 1863 und 1864

und u. a. mit einem das Orchester verdeckenden Graben auszustatten sei. Nachdem er einige Jahre zuvor einen solchen Plan nur im Zusammenhang mit einer Revolution, einem »neuen Publikum« denken wollte, soll er nun durch private Stiftungen oder einen Fürsten verwirklicht werden; seine politische Wandlung hat längst eingesetzt. Wagner dirigiert in Wien Konzerte mit eigenen Werken, darunter Teilen des *Rings*, von denen besonders der *Walkürenritt* ungeheuren Jubel hervorruft. Konzerte in Prag und Rußland, Rückreise über Berlin, Wohnsitz in Penzing bei Wien. Konzerte in Budapest, Prag, Karlsruhe. Am 28. November in Berlin, Spazierfahrt mit Cosima von Bülow, gegenseitiges Liebesgeständnis. Dramatische Verschlechterung der finanziellen Lage.

1864   In höchster Not tritt *das Wunder* (auf das er, laut einem Brief an den Komponisten Peter Cornelius, gewartet hat) tatsächlich ein: Am 3. Mai überbringt ihm in Stuttgart ein Abgesandter des jungen Bayernkönigs Ludwig II. die Einladung nach München und verwandelt so das Leben des sich völlig gescheitert Fühlenden in das eines stolzen Siegers. Am 4. Mai erfolgt die Begegnung zwischen Monarch und Künstler, aus der eines der großartigsten Mäzenate und eine der seltsamsten Künstlerfreundschaften aller Zeiten hervorgeht. Wagner übersiedelt nach München, dessen Nationaltheater die Weisung zur Uraufführung von *Tristan und Isolde* empfängt.

1865   Diese Uraufführung, eine der folgenreichsten der Musikgeschichte, findet am 10. Juni statt. Enge Beziehung Wagners zu Cosima, die mit ihrem Gatten – dem Dirigenten der *Tristan*-Uraufführung – nach München gezogen ist. Ihr und Wagners erstes Kind, die Tochter Isolde, wird geboren. Wagner schreibt für den König einen Prosaentwurf zu *Parsifal*. Wagners Stellung wird durch sich verstärkende öffentliche Angriffe, trotz der Treue Ludwigs zu seinem Schützling, unhaltbar, am 10. Dezember verläßt er München und läßt sich, von Ludwig unterstützt, in Tribschen am Vierwaldstätter See nieder.

1866   Minna stirbt einsam in Dresden. Cosima zieht endgültig zu Wagner. Vorübergehende Verstimmung zwischen dem König und Wagner.

1867   Arbeit an den *Meistersingern von Nürnberg*. Zeitweiser Aufenthalt in München, wo *Lohengrin* neu einstudiert gegeben wird.

1868   Festliche Uraufführung der *Meistersinger von Nürnberg* am 21. Juni im Hof- und Nationaltheater München. Stürmische Huldigungen an Wagner, der den Ovationen von der Königsloge aus dankt. Sofortige Rückkehr nach Tribschen. Reise mit Cosima nach Italien. Freundschaft mit Nietzsche.

1869   Wagner vollendet die Partitur-Reinschrift des zweiten Aktes von *Siegfried*. am 23. Februar und beginnt am

BIOGRAPHIE

Der junge Bayernkönig Ludwig II.

1. März die Kompositionsskizze zum dritten Akt. Diese wird am 14. Juni fertiggestellt, am 25. Juni beginnt die Orchesterskizze des dritten Akts, in der bereits in großen Linien die künftige Instrumentation vorweggenommen ist, ein Arbeitsvorgang, wie ihn nur Wagner kennt, am 25. August dessen Partitur. Im Oktober werden erste Kompositionsskizzen zur *Götterdämmerung* gemacht. Cosima verlangt von Bülow die Scheidung. Am 22. September wird gegen Wagners heftigen Widerstand – da er eine Gesamtaufführung des *Ring des Nibelungen* wünscht – auf König Ludwigs Befehl das *Rheingold* im Münchener Hoftheater zum ersten Erklingen gebracht. Wagner bleibt fern. Zu Weihnachten weilt Nietzsche in Tribschen, wo Wagner seinen Entwurf des *Parsifal* vorliest.

Cosima (1837–1930)

1870   Wagner beschäftigt sich intensiv mit *Götterdämmerung*: Am 2. Juli wird die Orchesterskizze des ersten Akts abgeschlossen. Am 26. Juni läßt Ludwig II. nun auch *Die Walküre* in seinem Hoftheater uraufführen, obwohl Wagner auf das schärfste protestiert hat.
Am 25. August werden Wagner und Cosima in der protestantischen Kirche in Luzern getraut. Am 25. Dezember führt Wagner seine Orchesterkompositionen *Siegfried-Idyll* zu Ehren Cosimas und ihres kleinen Sohnes Siegfried in der Halle des Tribschener Hauses auf. Wachsende Verstimmung Liszts.

1871   Am 5. Feburar beendet Wagner die Partitur des dritten (letzten) *Siegfried*-Akts. Im April reist er mit Cosima über Nürnberg nach Bayreuth, wo er zwar das alte Markgräfliche Opernhaus für seine Zwecke ungeeignet

findet, aber Landschaft und Ortscharakter ihn so ansprechen, daß er sich vornimmt, hier sein erträumtes Festspielhaus zu errichten. Am 12. Mai kündigt Wagner von Leipzig aus öffentlich die Abhaltung der ersten Bayreuther Festspiele für den Sommer 1873 an. Von Juli bis November arbeitet Wagner, nun wieder in Tribschen, am zweiten Akt der *Götterdämmerung*.
Am 7. November stellt die Stadt Bayreuth Wagner einen Platz für sein künftiges Festspielhaus zur Verfügung. Am 4. Dezember schenkt Wagner König Ludwig eine Abschrift der Orchesterskizze des zweiten Aktes der *Götterdämmerung*. Im Dezember besichtigt Wagner das Terrain des kommenden Festspielhauses in Bayreuth, Rückkehr nach Tribschen am 22. Dezember.

1872 Am 4. Januar beginnt Wagner die Kompositionsskizze des dritten Akts der *Götterdämmerung*. Er erwirbt den Baugrund für seine Bayreuther Villa (»Wahnfried«). Vom 9. Februar bis 10. April schreibt Wagner an der Orchesterskizze und vollendet die Kompositionsskizze der *Götterdämmerung*. Ende April trifft die Familie Wagners zur dauernden Niederlassung in Bayreuth ein. Vom 15. Juni bis 22. Juli vollendet Wagner die Orchesterskizze der Götterdämmerung. Anfang September reist das Ehepaar Wagner nach Weimar, um sich mit Cosimas Vater, Franz Liszt, auszusöhnen, der im Oktober den Besuch in Bayreuth erwidert. Viele Reisen durch Deutschland, um die ersten Festspiele vorzubereiten.

1873 Weitere Reisen. Am 17. Januar in Berlin Lesung der *Götterdämmerung*. Am 3. Mai Beginn der Partitur des ersten Aktes der *Götterdämmerung*, die am 24. Dezember vollendet wird.

1874 König Ludwig bessert die in Schwierigkeiten geratenen Finanzen des Festspielunternehmens durch einen Kredit von 100 000 Talern auf. Am 28. April bezieht Familie Wagner »Haus Wahnfried« in Bayreuth. Am 26. Juni Vollendung des zweiten Akts der *Götterdämmerung* in Partitur. Anschließend vier Wochen lang Vorstudien und -proben zum *Ring des Nibelungen* mit einem

Richard und Cosima Wagner in Wien, 1872

Kern der künftigen Hauptdarsteller. Am 10. Juli beginnt Wagner die Partitur des dritten Akts der *Götterdämmerung* und vollendet am 21. November den gesamten *Ring des Nibelungen*.

1875 Wagner und Cosima auf zweimonatiger Reise in Wien und Budapest, dann in Leipzig, Hannover, Braunschweig und Berlin. Am 4. Mai erneut in Wien, wo bereits das dritte Konzert in diesem Jahr stattfindet. Vom 1. Juli bis 12. August Solisten- und Orchesterproben für die *Ring*-Aufführungen, die als Eröffnung des Festspielhauses nun endgültig für 1876 angesetzt sind. Triumphale *Tannhäuser*- und *Lohengrin*-Aufführungen in Wien.

»Haus Wahnfried«, Bayreuth

1876 Am 3. Juni Beginn der Proben im Festspielhaus, am 1. August Ankunft Liszts, am 6. August Generalprobe des *Rheingold*, am 7. der *Walküre*, am 8. des *Siegfried*, am 9. der *Götterdämmerung*. Abreise Ludwigs am 10. Feierliche Eröffnung des Festspielhauses am 13. August mit *Rheingold*. Am 14. *Die Walküre*, am 16. *Siegfried*, am 17. *Götterdämmerung*. Höhepunkt von Wagners Leben – Feste, Bankette, Ehrungen, illustre Zuhörer. Zweiter Zyklus vom 20. bis 23. August. Dritter Zyklus, der letzte in Wagners Leben, vom 27. bis 30. August. Am 14. September Aufbruch nach Italien, von wo Wagner und Cosima am 20. Dezember nach Bayreuth zurückkehren.

1877 Zweiter Prosaentwurf für *Parsifal*, dann Urschrift der Dichtung, die am 19. April vollendet wird. Im Mai acht Konzerte in London. Im Herbst Kompositionsarbeit an *Parsifal*.

1878 Arbeit an *Parsifal*. Am 25. Dezember erstes Erklingen des *Parsifal*-Vorspiels im »Haus Wahnfried«.

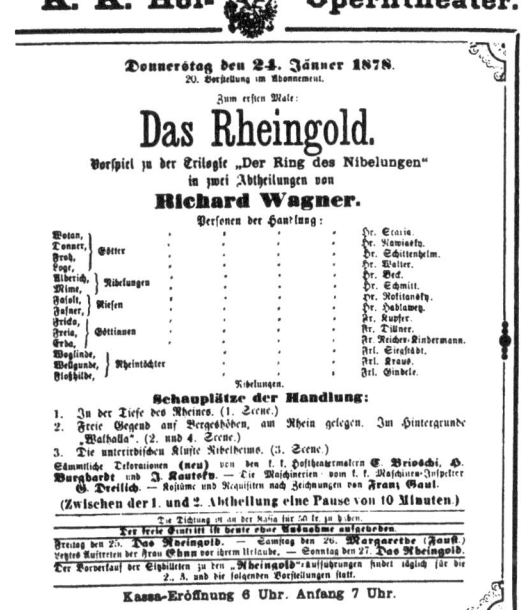

1879 Arbeit an *Parsifal*. Am 31. Dezember Aufbruch nach Italien.

1880 Aufenthalt in Neapel bis 7. August, dann in Rom und Venedig. Anwesenheit in München am 7. November bei einer *Tristan*-Aufführung, am 10. November geschlossene Vorstellung des *Lohengrin* für König Ludwig, nur Wagner in dessen Loge anwesend. Am 12. November dirigiert Wagner für den König allein das Vorspiel zu *Parsifal*. Heimkehr nach Bayreuth am 17. November.

1881 Am 5., 6., 8. und 9. Mai erste zyklische Aufführung des *Rings* außerhalb von Bayreuth: im Berliner Viktoria-Theater durch die reisende Wagner-Truppe Angelo Neumanns; der Zyklus wird viermal wiederholt. Am 1. November Abreise nach Italien.

Am 18. Februar 1883 wird Richard Wagner unter großer
Anteilnahme der ganzen Welt in Bayreuth zu Grabe getragen

1882   Wagner vollendet am 13. Januar in Palermo die Partitur des *Parsifal*. Im April Rückreise über Acireale, Messina, Neapel und Venedig. Am 2. Juli Beginn der Proben zum zweiten Festspiel: *Parsifal*, der am 26. Juli uraufgeführt wird. Am 29. August dirigiert Wagner einen Teil des dritten *Parsifal*-Akts bei der letzten 16. Aufführung (die von Hermann Levi geleitet wurde). Am 14. September Abreise nach Venedig, wo am 18. Wohnung im Palazzo Vendramin am Canale Grande bezogen wird. Liszt zu Gast von November bis Januar 1883.

1883   Tod Wagners am 13. Februar im Palazzo Vendramin in Venedig. Überführung der Leiche am 16., Ankunft und Besetzung in Bayreuth am 18. Februar im Garten von Haus Wahnfried.

Die Bühnenwerke Richard Wagners

Die Feen: dreiaktige romantische Oper, Text von Wagner nach Gozzis *La donna serpente* (»Die Frau als Schlange«). Komponiert 1883. Uraufführung: München, 29. Juni 1888.
Das Liebesverbot: Oper mit Text von Wagner nach Shakespeares *Maß für Maß*. Komponiert 1834–1836, einmalige Aufführung: Magdeburg, 29. März 1836.
Rienzi, der letzte der Tribunen: große tragische Oper in fünf Aufzügen. Text von Wagner nach dem gleichnamigen Roman von Edward George Bulwer-Lytton. Erster Gedanke 1837, Dichtung und Beginn der Komposition 1838/39 in Riga, Vollendung im November 1840 in Paris. Uraufführung in Dresden am 20. Oktober 1842 unter der Leitung von Karl Reissiger.
Der fliegende Holländer: romantische Oper in drei Akten (laut einem Entwurf: in einem Akt). Text von Wagner unter Verwendung einer Erzählung von Heinrich Heine. Erster Gedanke wahrscheinlich 1838 in Riga, textliche Ausarbeitung 1839/40 in Paris. Endgültige Dichtung: Paris, 1841. Komposition noch im selben Jahr. Uraufführung in Dresden am 2. Januar 1843 unter Leitung von Richard Wagner.
Tannhäuser und der Sängerkrieg auf Wartburg: große romantische Oper in drei Akten, Text von Wagner unter Verwendung alter deutscher Volkssagen. Erster Gedanke: Paris, 1841. Erster Entwurf (*Der Venusberg*): Teplitz, 1842. Dichtung: Dresden, 1843. Komposition: 1844/45. Uraufführung: Dresden, 19. Oktober 1845 unter Leitung Wagners. Zweite, sogenannte Pariser Fassung (Ausbau der Venusberg-Szenen, teilweise Neuinstrumentation) für die dortige Aufführung vom Mai 1861.
Lohengrin: romantische Oper in drei Akten, Text von Richard Wagner. Erster Entwurf: Marienbad, 1845. Noch im selben Jahr Vollendung des Textes. Beendigung der Komposition: Dresden, 1848. Uraufführung: Weimar, 28. August 1850 unter Leitung von Franz Liszt. Wagner, exiliert in der Schweiz, hört sein Werk erst am 15. Mai 1861 in Wien.
Tristan und Isolde: Nach dichterischen Vorarbeiten Ausführung des Textes im August und September 1857 in Zürich. Hier

Beginn der Komposition des 1. Akts noch im selben Jahr. Fortsetzung in Venedig und Luzern, dort Beendigung am 6. August 1859. Uraufführung in München unter Leitung von Hans von Bülow am 10. Juni 1865.

Die Meistersinger von Nürnberg: Oper in drei Aufzügen, Text von Wagner. Erster Gedanke: 1845. Vollendung der Dichtung: Januar 1862, der Partitur: 24. Oktober 1867. Uraufführung in München unter Leitung von Hans von Bülow am 21. Juni 1868.

Der Ring des Nibelungen: Ein Bühnenfestspiel für drei Tage und einen Vorabend, Text von Richard Wagner.

I. Das Rheingold: gedichtet 1852, komponiert 1853/54, Uraufführung auf Befehl König Ludwigs II. von Bayern in München am 22. September 1869, gegen den Willen Wagners, der den Zyklus im gesamten aufgeführt wissen will. Erstaufführung im Rahmen des Gesamtwerkes: Bayreuth, 13. August 1876, als Einweihung des Festspielhauses.

II. Die Walküre: gedichtet 1852, komponiert 1854. Uraufführung, gegen Wagners Willen, am 26. Juni 1870 in München. Erstaufführung im Rahmen des Gesamtwerkes: Bayreuth, 14. August 1876.

III. Siegfried: entworfen als *Der junge Siegfried*, gedichtet im Mai 1851. Beginn der Komposition: 22. September 1856. Unterbrechung am 26. Juni 1857 (zugunsten von *Tristan und Isolde*); Beendigung des zweiten Akts 1865, des dritten 1869, der Partitur am 5. Februar 1871. Uraufführung im Rahmen des Gesamtwerkes bei den ersten Bayreuther Festspielen, am 16. August 1876.

IV. Götterdämmerung: Als *Siegfrieds Tod* Keimzelle der Nibelungen-Tetralogie. Dichtung im November 1848 in Dresden, umgeformt 1852, komponiert 1869–72, Vollendung der Partitur am 21. November 1874. Uraufführung bei den ersten Bayreuther Festspielen am 17. August 1876, wie der gesamte *Ring des Nibelungen* unter der Leitung von Hans Richter.

Parsifal: ein Bühnenweihfestspiel in drei Aufzügen. Erster Gedanke: April 1857 in Zürich, Prosaskizze für König Ludwig II.: August 1865. Dichtung: 1877. Beendigung der Partitur: 13. Januar 1882. Uraufführung unter Leitung von Hermann Levi bei den zweiten Bayreuther Festspielen am 26. Juli 1882.